高等院校审计学专业入门指导教材

审计学导论

AUDITING INTRODUCTION

主　编 / 胡波
副主编 / 季松　黄欣然　朱秀霞

中国经济出版社
CHINA ECONOMIC PUBLISHING HOUSE
·北京·

图书在版编目（CIP）数据

审计学导论／胡波主编．—北京：中国经济出版社，
2015.11（2023.8 重印）
ISBN 978－7－5136－3906－4

Ⅰ.①审…　Ⅱ.①胡…　Ⅲ.①审计学—高等学校
—教材　Ⅳ.①F239.0

中国版本图书馆 CIP 数据核字（2015）第 178464 号

责任编辑　牛慧珍
责任审读　贺　静
责任印制　马小宾
封面设计　任燕飞

出版发行　中国经济出版社
印 刷 者　北京中石油彩色印刷有限责任公司
经 销 者　各地新华书店
开　　本　710mm×1000mm　1/16
印　　张　16
字　　数　215 千字
版　　次　2015 年 11 月第 1 版
印　　次　2023 年 8 月第 4 次
定　　价　49.00 元
广告经营许可证　京西工商广字第 8179 号

中国经济出版社　**网址** www.economyph.com　**社址** 北京市东城区安定门外大街 58 号　**邮编** 100011
本版图书如存在印装质量问题，请与本社销售中心联系调换（联系电话：010－57512564）

前言

社会经济的发展需要审计发挥鉴证和监督功能。随着近年来我国经济体制改革的深入推进，社会对于审计人才的需求呈现迅速增长的趋势。审计教育的持续健康发展能够为社会提供高质量的审计专业人才。在短短20年的时间内，我国高校的审计学本科专业经历了从有到无，又从无到有，再从有到快的曲折历程。目前，国内各个高校审计学专业的招生和就业呈现"双好"趋势。审计人才主要依靠高校的培育，需要有优秀的师资和教材。国内已经出版了大量的优秀审计学教材。但是，审计学的难学和难讲，在很长时间内仍然没有得到很好的解决，这已经成为专业教学领域的共识。就国内高校来看，大部分的学校缺乏针对大一学生的学科入门指导，大多是从第二学年之后开设审计学专业课程。这就容易造成大一学生在入学之后，对专业缺乏必要的了解和认识，影响了学生对专业的兴趣和热爱，从而影响了后续的专业学习，甚至影响了就业方向。本书试图针对大一新生，开设专业导论课程，做一次审计学的"扫盲"之旅。本书将审计学原理中的重要内容有机组织起来；将审计学中的重要概念提炼出来，将审计方法流程化；解读与审计组织相关的各种知识，从而为学生今后的专业学习奠定基础。学生在第二学年学习的财务审计等课程的主干内容，并没有出现在本教材，主要是出于避免重复的考虑。

目前，国内审计学专业教材可以分为两大类，一类是审计学基础，另一类是财务审计、政府审计和内部审计等。本教材属于审计学基础类，但是不同于其他审计学基础教材，其特点主要表现在：

一、定位于学科入门指导课程，以激发学生的学习兴趣为核心目标。优秀审计人才的培养是从学生入校开始，而不是从学生进行专业课程的学习开始。因此，审计学的专业教育应当始于入学之际。由于学生没有任何的专业背景和知识，这一阶段的引导和兴趣启蒙就非常重要，将直接影响学生对于职业生涯的认可和接纳。基于兴趣这一目标，我们在长期的审计学教学实践和教学改革中，观察、归纳和总结了学生感兴趣的知识点，发掘了能够激发学生专业认同感和职业荣誉感的领域，将它们有机组织起来，形成本书。

二、以培养一名优秀审计人员应该具备的素养、技能为主线，循序引入审计概貌，比如“为什么需要审计”“什么是审计”“如何做一名合格的审计师”“为了成为一名合格审计师，‘大学学习规划’的思路组织材料”。考虑到学生没有任何专业背景和知识，本书遵照学生的学习习惯，设计了如下体例：

1. 介绍审计的社会价值，激发学生的专业认同感和荣誉感，从而培养学习兴趣。

2. 介绍审计的概念和种类，进一步了解审计的内涵和外延。

3. 更进一步地走入审计知识领域，了解一名审计人员应该具备的素养，从而更准确地找到专业定位。

4. 了解审计工作的基本流程，了解审计学中涉及的重要概念。

5. 从职业规划的角度，概览审计职业全貌，对重要的审计事件和审计组织以及专业资格考试进行介绍，帮助学生提前规划，早做准备。

6. 考虑到互联网技术的发展日新月异，对企业经济活动的影响深远，审计未来的发展趋势必然朝向网络化、信息化的方向。因此，本书还专设一章介绍信息系统审计。

三、强调审计的基本理论和基础知识。本书的重点不在于阐述财务审计，而是侧重于审计基础。从为什么需要审计到最后的大学学习规划，全书每个章节都着重于审计基本概念、内涵、素养和能力的介绍，将知识性与趣味性、研究性和实务性尽可能地结合起来。对审计基本知识和基本概念的引入，本着遵循学生学习规律、启发学习兴趣的宗旨，逐步渐进地一一引入。

四、引入审计学本科课程体系的介绍和解读，使学生明确各门课程之间的内在逻辑关系，深入理解学习各门课程的目的。在长期的教学过程中，我们注意到了这种情况：高校专业课程体系属于教学研究范畴，学生只需要接受教学研究的结果即可，不需要知晓其背后的原因。审计学专业的本科学生通常要修满20～30门专业课程，但是，学生并不知道为什么要学习这些课程，这些课程之间究竟有何内在关系，对今后从业有何裨益。各个专业课程的授课教师往往忽略了对课程体系的介绍，学生只见树木，不见森林；只能读书，不懂为何要读。鉴于此，本书专设章节，详细论证了审计学的学科地位和学科属性，树立学生的专业自信度，培养专业兴趣。根据尽可能收集的资料，比较分析了各个开设审计学专业高校课程之间的异同，总结了其中的规律。在此基础上，介绍各门课程的主要内容，以增进学生对专业课程的理解和认可，提高学习效率。

围绕上述目标，本书的基本结构包括：

第一章　初识审计：溯源之旅；

第二章　走近审计：重要的概念；

第三章　走进审计：道德与能力；

第四章　走进审计：审计工作流程；

第五章　审计职业：学习和发展；

第六章　课程体系：分析和解读；

第七章　审计趋势：信息系统审计。

本书的分工如下：胡波负责引言、第一章、第二章、第五章和第六章的部分内容，朱秀霞负责第三章，季松负责第四章，黄欣然负责第七章和第六章的部分内容。最后，由胡波对全书进行审核和定稿。本书适用于审计学本科专业入门课程，也适合教学研究之用。

本书在写作过程中，参考了大量专业教材，特此感谢！由于编者水平有限，本书还存在诸多不足之处，恳请读者指正。

编　者

2015 年 6 月 30 日

目录

引　言

资料一　我国审计学本科专业就业趋势

2014 年 6 月，第三方机构麦可思研究院调查编著的《2014 中国大学生就业报告》正式发布。这份基于对 2013 届大学生毕业半年后的调查研究和对 2010 届大学生毕业三年后跟踪调查研究的报告，从“应届大学毕业生就业报告”“大学毕业生中期职业发展”“专题研究：教学培养评价”三方面公布了相关数据。此次麦可思研究院的调查共回收样本约 26.8 万份，覆盖全国 28 个省市区 814 个专业、665 个职业、326 个行业。

调查结果显示，2013 届平均月收入最高的主要本科专业（前 10 名）包括：建筑学、金融学、软件工程、城市规划、电子商务、网络工程、计算机科学与技术、经济学、审计学、通信工程。

2013 届毕业半年后就业满意度较高的主要本科专业（前 10 位）包括：建筑学、城市规划、播音与主持艺术、给水排水工程、审计学、小学教育、建筑环境与设备工程、音乐表演、金融学、新闻学。

2014 年月收入、就业率持续走高，失业量较低且就业满意度较高的专业，即需求增长型的本科绿牌专业包括：建筑学、地质工程、矿物加工工程、采矿工程、油气储运工程、车辆工程、城市规划、船舶与海洋工程、审计学。

从上述统计结果可见，审计学专业是当前月收入最高、满意度最高以及市场需求持续增长的本科专业之一。

审计究竟是做什么的？审计学究竟学什么？审计学专业的大一学生该如何规划学习呢？

资料二　晓文的烘焙馆

一个名叫晓文的大学毕业生，平常喜欢做烘焙，在同学和朋友圈中小有名气。由于找工作困难，晓文决定自己创业，开设一个烘焙馆。她的学校设有大学生创业中心，也能够提供合适的场地，于是，晓文的烘焙馆开始筹备了。晓文与创业中心签订了为期一年的场所租赁合同，合同中约定按其每月收入的8%向创业中心支付租金。晓文签约完毕，开始张罗各种开张事宜，例如买设备、雇用员工进行培训、采购原材料、进行校园和周边广告宣传等。一切都很顺利，晓文的烘焙馆顺利开门营业。到了月末，晓文向创业中心交付租金。

租金计算很简单，即当月收入的8%。问题是，如何确定当月收入呢？有几个方法可以选择：第一，创业中心直接接受晓文报告的销售收入数额；第二，创业中心通过设在晓文烘焙馆的各种监督设备来直接验证晓文的销售收入，例如，安装校园卡，通过刷卡记录确定晓文的收入；第三，寻找一个替代的解决办法。

对创业中心来说，第一种选择可能是不现实的。创业中心缺乏对晓文诚信程度的了解，即使假设晓文足够诚信，但是人总会犯错，晓文报告的数字中可能存在错报或者漏报，尽管都是非故意的差错。再者，如果晓文知道没有人会对数字进行检查，长此以往，可能会故意低报其销售收入。第二种选择的实施成本太高，也不合适。要直接验证晓文的销售收入，可以派专人就销售收入进行监督，显然，这种人工监督的成本过高。通过电子设备呢？通过校园卡的刷卡记录也不能完全确认收入，因为会有非刷卡的交易。那么，晓文和创业中心可以利用什么样的解决方案呢？

一般来说，第三种选择是聘请一个中立的第三方来验证晓文销售收入数字的准确性。如果晓文和创业中心都同意聘请中立的第三方来验证，那么双方的成本都会降低。通常情况下，独立的民间审计人员通常被聘请作为验证人。审计人员为什么能够担任这一重任呢？审计人员需要通过各种专业考试，并获取实务经验才能够从业，他们擅长处理与经营相关的各种数字。审计人员必须懂得行业会计标准，熟练运用审计准则，才能形成晓文收入准确性的最终结果，并向创业中心提交报告。

审计人员是如何工作的？如何成为一名合格的审计人员呢？

本书旨在帮助审计学的初学者了解审计职业，熟悉审计基本概念，掌握审计工作流程，合理规划学习和职业生活。

第一章

初识审计:溯源之旅

◎**知识目标**:了解审计产生的历史,了解各种理论流派对于审计产生原因的解释,了解审计的各种分类。

◎**能力目标**:结合实际情况,分析为什么在资本市场上审计如此重要,不同类型的审计活动是如何发挥作用的。

第一节 为什么需要审计

审计历史学家认为，有证据表明在大约公元500年前古希腊就存在着某种形式的会计与审计。独立审计自诞生起，就在经济领域发挥着不可替代的重要作用。著名审计历史学家查特菲尔德（1974）认为，17世纪公司制的出现，使有利害关系者对独立的财务报表的需求更为强烈，这是因为，债权人和股东均需要得到与他们投资有关的资料。但是，由于公司管理部门与股东之间潜在的利害冲突，股东对公司管理部门提供的财务报表常抱有怀疑态度，因此，需要对财务报表进行审查，以证实其可靠性。

随着经济的发展，审计已被公认为是一个国家或地区经济监督和政府监管制度中不可或缺的一环，在资本市场中的重要地位不容忽视。1987年，美国注册会计师协会（AICPA）百岁华诞时，美国前总统里根在贺信中写道："独立审计为企业和政府的会计报表提供可信度。没有这种可信度，债权人和投资者就难以做出为我们的经济带来稳定和活力的决策。没有注册会计师，我们的资本市场将土崩瓦解。"

当前世界大多数国家的法律均明确要求，股份公司的年度财务报告要经过审计后对外公布。根据《中华人民共和国公司法》（2013年修正）第一百六十四条的规定，公司应当在每一会计年度终了时编制财务会计报告，并依法经会计师事务所审计。根据《中华人民共和国证券法》（2014年修正）第五十二条规定，申请股票上市交易，应当向证券交易所报送下列文件：

（一）上市报告书；

（二）申请股票上市的股东大会决议；

（三）公司章程；

（四）公司营业执照；

（五）依法经会计师事务所审计的公司最近三年的财务会计报告；

（六）法律意见书和上市保荐书；

（七）最近一次的招股说明书；

（八）证券交易所上市规则规定的其他文件。

有观点认为，对审计服务的需求源自法律法规，例如英国《公司法》、美国《证券法》以及中国的类似法律。事实上，一项调查研究显示：1926年，在纽约证券交易所交易的公司中，有82%的公司经过独立审计师的审计。其他有关审计需求的证据还表明，尽管许多私营公司和政府机构并不受证券法的约束，但也同样签约接受了审计服务。这意味着尚无法律出台的时期，已经存在对审计服务的需求。尽管《证券法》等法规也会产生对审计的一部分需求，但并非是产生审计需求的全部原因。社会之所以存在审计需求，主要是因为审计具有经济监督、经济评价和经济鉴证的职能。在企业及其股东与经营者、雇员和债权人之间存在的各种契约关系里，审计发挥着重要的监督作用。

从审计发展的历史来看，审计需求可追溯到两个来源。首先是由市场经济发展催生的自愿审计需求，由于审计师提供服务时依据的是独立、客观及关注公众利益的传统技能，因而客户和其他人士需要审计师提供这种服务。其次，当市场经济发展到一定阶段，出于保护公众利益的需要，法律往往对特定公司的财务报告提出法定的强制审计要求。需要说明的是，自愿审计需求和法定审计需求是作为审计需求的两种表现形式。从它们出现的先后时间顺序来看，自愿审计需求的出现早于法定审计需求。但是，法定审计需求极大地推动了审计职业的发展。与此同时，自愿审计需求也不断扩展着审计职业服务的边界。两种审计需求并不存在非此即彼的关系，在过去很长的时间里，两种需求共生共存；在当前和今后，这两种审计需求犹如鸟之双翼，车之两轮，共同推进审计职业向前发展。

一、自愿审计需求

通常认为，审计产生于资本主义工业革命时期，而其萌芽则可以追溯到16世纪。16世纪，威尼斯城的航海贸易日益发达并出现了早期的合伙企业。在合伙企业中，通常只有少数几人充当执行合伙人，负责企业的经营管理，其他合伙人则只出资而不参加经营管理。非执行合伙人需要了解合伙企业的经营情况和经营成果，执行合伙人也希望能证实自己经营管理的能力与效率，因此双方都希望能从外部聘请独立的会计专业人员来担任查账和监督工作。这些会计专业人员所进行的查账与监督，可以被看作是注册会计师审计的最初萌芽。

18世纪下半叶，资本主义工业革命开始以后，英国的生产社会化程度大大提高，导致企业所有权与经营权进一步分离。企业主们雇用职业的经理人员来管理日常经营活动，他们需要借助外部专业人员来检查和监督经理人员，于是出现了第一批以查账为职业的独立会计师。特别是股份公司兴起以后，企业财产所有权与经营权日渐分离，绝大多数股东只向企业出资而完全脱离了经营管理。因此，股东们要求由经理人员组成的管理层定期向他们提交财务报告，以便了解公司的财务状况和经营成果。而后，随着资本市场的快速发展，企业融资渠道进一步拓宽，债权人、潜在的投资者等社会公众都迫切需要了解公司的财务状况和经营成果，以做出贷款、投资等相应的经济决策。因此，为确保财务信息的真实与公允，由独立会计师对股份公司的财务报告进行审计就显得尤为必要。

二、法定审计需求

1720年，英国爆发了南海公司破产事件，使公司股东和债权人遭受了巨大的经济损失。会计师查尔斯·斯内尔受议会聘请对其会计账目进行了检查并以“会计师”名义出具了一份“查账报告书”，指出南海公司的财务报告存在着严重的舞弊行为，这标志着独立会计师——注册会计师的正式诞生。随后，为保护投资者和债权人的利益，监督股份公司的经营管理，英国议会于1844年颁布了《公司法》，规定股东公司必须设立监事来审查会计账簿和报表，并将审查结果报告给股东。次年，又对《公司法》进行了修订，规定股份公司必要时可以聘请会计师协助办理审计业务。该法案使公司有聘请外部审计师的选择权，从而有力地促进了独立会计师的发展。其间，英国政府对一批独立会计师进行了资格确认。1853年，爱丁堡会计师协会在苏格兰成立，标志着注册会计师审计职业的诞生。1862年修改的《公司法》又确定会计师为法定的公司破产清算人，进一步明确了独立会计师的法律地位。

19世纪末期、20世纪初期，美国的注册会计师审计得到了迅猛发展。1896年，美国通过了《注册会计师法案》，标志着经济立法的开端；1917年，美国公共会计师协会编制了《关于资产负债表的备忘录》，从而开创了信用审计的时代。1933年颁布的《证券法》和1934年颁布的《证券交易法》，标志着法定审计制度的到来，同时也确立了注册会计师的法律责任。21世纪之初，美国相继爆出一系列会计造假丑闻，严重打击了投资者的信心和美国资本市场。美国政府对会计造假丑闻做出了快速反应，2002年7月25日通过了《萨班斯—奥克斯利法案》（Sarbanes – Oxley Act of 2002）。该法案主要涉及公众公司会计检查委员会的设立及运作，审计师独立性的强化，公司责任的细化，增加信息披露内容及加强证券分析师的管理等内容，并对已有的证券法规条款做出修订。

综上所述，从历史来看，审计服务的需求来源于股东和经营者之间的契约关系，而近些年经济、社会和法律的发展趋势增加并扩展了审计服务需求。当前，世界处于信息技术突飞猛进，全球经济一体化日益增加，公司经营者承担社会责任，环保意识日渐增强，以及人口老龄化加剧的阶段。信息技术改变着生产和生活方式，与公众生活和工作息息相关。信息在各种媒介上出现，呈现出爆炸式的增长。这也要求对生成信息的可靠性、真实性进行过滤和鉴别，提升公众对于信息的信任程度。近年来，互联网的飞速发展极大地改变了社会公众的消费习惯，对传统商业模式产生了深刻影响。移动互联的出现和变革进一步推动了生产和消费以及服务的转型。社会环境的变化直接对审计服务提出了新要求，审计也顺应着这些变化和趋势不断推陈出新，向前发展。

第二节　审计动因理论

审计是伴随着社会需求产生而产生，伴随着社会需求扩展而向前发展的。可以说，没有社会需求便不会产生审计，不能满足社会需求审计就无法发展。审计产生、存在与发展的原因和动力简称为审计的导因。目前，主要有代理论、信息论和保险论等理论学说解释审计之所以存在发展的原因。每种观点都有可取之处，也存在一定的片面性。因此，合理解释审计的存在和发展，需要综合运用各种理论，从多个角度进行解读。

一、代理论

（一）代理论的主要内容

代理论是解释审计需求理论中的主流理论。这一理论发轫于委托代理理论。代理论认为，审计需求的产生是社会自愿选择的结果，而非法定强制的产物，审计是委托人和代理人的共同选择，目的是降低代理成本。

企业是一系列契约的结合体，企业中的相关各方按照一定的“价格”为企业做出自己的贡献。由于委托代理方的信息不对称，为了减少代理成本，委托代理双方签订一系列契约，契约条款的实施需要独立第三方的监督，于是产生了对独立审计的需要。具有良好声誉的审计人员在审计工作中既代表委托人的利益，也代表代理人的利益。

根据詹森和麦克林的定义，所谓委托代理关系是指“一个人或者一些人（委托人）委托其他人（代理人），根据委托人的利益从事某些活动，并相应地授予代理人某些决策权的契约关系”（Jensen & Meckling，1976）。在纷繁复杂的经济生活中，委托人和代理人的目标函数并不总是一致的。在代理关系中，委托人和代理人都被假定为理性的追求经济利益最大化的个体。委托人需要通过一定的激励监督方式使委托人、代理人目标趋于一致。为了减少投资人、债权人、管理人员之间的利益冲突，各方同意建立一定的监督约束合同。

投资人（委托人）对于管理者的业绩评价往往以会计信息或者财务指标作为基准，管理者就有了虚报会计信息的动机。理性投资人因而可能希望自己去生产这些信息，但这样对双方来说成本过高，因此更愿意聘请审计人员对其业绩报告的真实性进行鉴定。会计学者 Wallace（1980）认为，“由代理人而不是主人（由董事会而不是由投资人或其他使用人）提出审计的要求，其原因在于投资人能够通过支付低报酬给管理人员的方式保护他们的利益不受损失。如果接受监督的收益（由外部审计向投资人提供保证，以免管理人员报酬减少）大于监督的成本（监督或审计费），则管理人员会要求审查他们受托的资产”。

另外，从股东和债权人之间的代理关系来看，股东可能会为了其自身利益从事一些不利于债权人的活动，例如发放现金股利、发行更有优先权的债券等。债权人对此的预期会反映在债券价格中。但是股东从那些活动中获得的利益并不会正好和债券价格的降低抵消，因为股东可能会从事一些高风险的项目。相对而言，股东更愿意建立监督约束合同来改变债券价格预期，从而增加企业价值（Jensen & Meckling，1976）。基于此，对外部审计人员的自愿聘请取决于对其收益和成本的衡量。

（二）代理论的经验检验

Watts & Zimmerman（1979）最早提出了代理理论。随后的学者以经验数据检验了这一理论。Balachangon & Ramakriaman（1980）认为，审计的出现就是要求经理人员按照契约的要来实现自己的正当利益，抑制其具有偏见的行为动机，因此审计是保持经理人员与股东利益最大化的控制工具。审计的需求并不完全来自股东，正直诚信的经理人员也希望通过聘请外部审计人员来报告财务报告的真实性，以展示其良好的经营绩效。Chow（1982）验证了为了降低融资成本，经理人员更有倾向聘请外部审计师。

（三）代理论观点评价

代理理论较好地解释了自愿审计需求。这种对外部审计的需求已不是财产所有者的单方需求，而已成为财产所有者和财产经营者的共同需求。但是代理论无法对法定审计的存在给予合理解释。在一个完全的自由市场条件下，既然是根据市场需求而非法律规定提供鉴证服务，那么各国公司法就没有必要规定公司必须接受审计了。但事实上，各国公司法中大都规定公司必须接受审计，一旦不强制进行审计，则“公司经常犯高报资产和收益的错误”（Jack，1996）。由此可见，审计并非财产经营者愿意，而是法律规定的强制要求。对此，代理论无法做出合理解释。

二、信息论

信息理论是伴随着资本市场的发展提出的。这一理论有效地解释了会计审计市场的管制必要性，获取了广泛的认可。

（一）信息论的主要内容

信息论主要包括信号传递理论和信息系统理论。

1. 信号传递理论

信息论认为，之所以存在审计，是由于管理当局和投资者之间存在着潜在的信息不对称。审计财务信息可以潜在地降低信息不对称，并使市场更具效率。审计的本质在于增进财务信息的价值，也即提高财务信息对投资人决策的正确程度。

信息论认为，资本市场的参与者都面临着一个问题，即信息不对称。所谓信息不对称就是卖方知道的信息一般比买方知道的信息要多。如发行股票或债券的企业，对投资项目的质量、经营状况要比买股票的投资者了解得多得多。一般来说，信息不对称分为两种：第一种是事前信息不对称，第二种是事后信息不对称。事前信息不对称会导致“逆向选择”问题。事后信息不对称会产生“道德风险”问题。在信息不对称的情况下，审计可以解决在事前不对称的情况下让人说真话、在事后信息不对称的情况下让人不偷懒的问题。继续以发行股票或债券的企业为例，该企业必须提供一个让外部投资者和债权人相信其承诺的方式，但是如果每一个人都去查账，成本就太高了，通过聘请专职的外部审计人员可以大大降低这一成本。在股份公司中，针对作为公司所有者的股东不直接参与公司经营管理的特点，要求公司管理部门有义务通过一定媒介向股东报告其履行经济责任的情况和业绩。这种媒介就是公司的财务报表。信息论认为审计可以提高财务信息的可信性，从而可以增进财务信息的价值。这也是各国的法律和政府法规常常对财务信息进行独立审计做出规定的原因所在。

信息论能够对审计的社会价值做出合理解释。T. A. Lee（1977）指出：“没有人会否认，在过去的50年里，审计在增进财务报表的可信性方面的重要性正得到迅速和稳步的提高，投资人、债权人、证券分析师、政府部门和其他人广泛地依赖财务报表。审计在建立和维护资本市场的信心上起到了关键的作用。没有这种信心，资本市场的整个基础将受到破坏。因而，审计的重要性继续下去是毋庸置疑的。”

2. 信息系统理论

审计需求的信息系统理论是随着会计信息决策有用观提出的。会计信息决策有用观成立的前提条件是，假设股东和利益相关者广泛地依赖财务信息，将其作为决策的依据。审计需求的信息系统理论是会计信息决策有用观在审计理论的进一步扩展和应用。这一理论认为，审计的功能在于提升会计信息的可信任程度，增进会计信息的决策有用性。信息系统理论假设股东及利益相关者依赖会计信息进行决策，但是他们并不具备判断财务报表是否真实、公允的能力，因此必须聘请具有专门知识和专长的审计师进行审查和判断，进而提出鉴证报告。另外，这一理论还认为，信息是一种具有公共物品属性的商品，因此，要对信息商品（包括会计信息和审计信息）的供应和质量加以有效管制，以保证信息市场的有效运行。

（二）信息论的经验检验

1. 信号传递理论

信号传递理论的假设前提是信息市场不对称。信号传递理论聚焦于增强会计信息的信任程度能否减少信息不对称。首先，在 IPO 市场上，信息不对称的程度最为严重，因此，选择不同类型的事务所对 IPO 定价是否存在影响。其次，客户自身特征与其所选择事务所之间是否存在一定关系。研究者们先后考察了这两个主题，发现 IPO 公司能够通过聘请大型会计师事务所提高股票发行价格。另外，大型会计师事务所的客户大多是规模大而且经营风险比较小的公司。针对换所的研究发现，那些从非“八大”变更为“八大”的客户，其公司规模处于不断扩大的趋势，具有较高的成长性和更高的财务杠杆比率。这些研究有力地证明了客户选择事务所类型是向市场传递一种信号，说明审计具有传递有关客户特征的信号功能。

2. 信息系统理论

信息系统理论主要考察不同类型的审计意见是否具有不同经济后果，是否能够影响投资者的决策。研究者们发现，当公司发布了保留意见的审计报告之后，投资者提高了对这些公司系统风险的评估水平，这意味着被出具保留意见的上市公司具有显著的负面市场反应。还有研究发现，银行信贷部门也会对收到拒绝表示意见的客户产生显著反应，例如减少贷款意愿，调低客户的还款能力、改善盈利能力的评价水平，调高可能贷款的边际利率。这些研究结论表明，审计意见具有决策有用性，审计报告具有信息含量。

（三）信息论观点评价

信息论在逻辑推理上合理地解释了审计产生、存在、发展的理由，在财务信息的使用者广泛地依赖财务报表的前提下，审计服务是有价值的。但是，信息论对审计本质的看法，是以企业的两权分离为前提，并假设投资者利用财务信息做出适当的投资决策。如果这种假设不成立，那么对审计本质的认识也就纯粹是一种逻辑的推理。针对这一前提，经验研究已经得出了结论，实证研究的结果与信息论的有关假设是相左的。第一，从资本市场行为来看，资本市场并不迅速地对财务信息做出反应（Watts & Zimmerman，1986）。资本市场要吸收消息，但每日股价变化是随机的，原因在于股价仅在有未料到的消息时才产生变动（Smmelson，1965），这些信息所能产生价值的多少关键在于信息披露的速度。Ball & Brown（1973）的研究进一步表明，大多数股价在年报发布至少一个月前发生变动，所公布的年收益额并不能刺激股价，因为大多数年报的内容（约 85% ~90%）已事先被更及时的媒介披露了。第二，从对用户的信息需求的调查来看，可以认为人们对用户的信息需求的结论是凭空想象出来的。1973 年，Bakeru & Haslem 的调查结果表明：投资者认为与投资决策有关的很重要的三个因素中，两个与公司未来的经济前景有关；其余七个最重要因素中，四个与公司未来有关。这就说明，能满足投资者的信息应具有预测的价值，而不受制于审计的种类和意见的性质。为了证明这一结论，Bakeru & Haslem 进一步调查发现，被调查的投资者中，有 62% 把证券商和其他顾问公司的服务当作他们最重要的信息来源，只有 11% 把财务信息作为主要信息。尽管审计后的信息可能间接地用于未经审计的信息源中，但调查的结果却未能说明审计所起的重要作用。

综上所述，信息论认为审计能增加决策所需信息的价值的说法与实证研究的结论并不一致，说明信息论不是完美无缺的，对审计本质的认识还需要进一步的探索。

三、保险论

保险论始于20 世纪80 年代的“诉讼爆炸”。审计师民事责任不断扩大，投资者遭受损失之后可以从审计师那里获得巨额的损失赔偿。这一理论发轫于风险转嫁理论，将保险费用与审计收费建立关联，解释当时频繁发生的事务所面临的巨额诉讼和索赔。

（一）保险论的主要内容

保险论认为审计不仅可以降低风险，而且可以分担风险。信息使用者除了希望审计师通过鉴证服务把其信息风险降低到社会可接受的风险水平之下，还可以通过风险转移方式将其所面临的财务信息风险转移给保险人。

保险论的立论是依托于信息风险的存在。所谓信息风险是指制定经营风险决策所依赖的信息不正确的可能性。由于财务信息的非直接性、信息提供者的偏见和动机、资料庞杂以及交易复杂性等原因，财务信息使用者得到可靠的财务信息的不可能性与日俱增。[①] 降低信息风险的方式有三种：一是报表使用者自行查证信息；二是报表使用者与管理者分担信息风险；三是提供经审计的财务报表。

---

① A. A. 阿伦斯，詹姆士·洛贝克．审计学——整合方法研究（中文第一版）[M]．石爱中等译．北京：中国审计出版社，2001：12－16.

保险论认为审计费用的发生纯粹是贯彻了风险分担的原则。与股份公司利益相关的各集团和股东，为防止经理们舞弊而造成灾难性损失，或者经理们为防止下属从中作弊，都愿意从自己将要得到的收入中支付一部分费用来聘请外部审计人员，这部分审计费用就称为保险费用，同时把审计的效果视为保险价值。如果审计人员因失职而未觉察出财务报表不可靠，他们有责任赔偿因失职而造成的损失，从而实现分担风险的目的。审计的过程就是搜集证据以把风险降到合理程度的过程（胡春元，1997）。这种理论认为凡是直接参与企业经营的管理者，都有可能出于私利来欺骗远离公司的利益相关者，现在通过保险费用（审计费用）的支付，将这种可能的损失转嫁到审计人员身上，因而在这一理论下，审计的作用就被看作是一种保险行为，可减轻投资者的压力。许多实证研究也证明了审计不仅具有信息价值，而且确实存在保险价值，在某些情况下，保险价值对审计需求的影响远远大于信息价值对审计需求的影响（Menon & Willenborg，1994；Baber，1995；O' Railly，2000）。

（二）保险论的经验检验

研究者最早在 1994 年检验了审计的保险价值。Menon & Williams（1994）的研究发现，由于法律为 IPO 改善的股东提供了特别保护，因此，对于 IPO 公司的信息使用者来说，审计的保险价值会更高。Simunic & Stein（1996）发现，当时只有美国证券市场会对审计的保险价值做出反应。自 20 世纪 60 年代以来，随着美国消费者保护运动的发展，经理人以及其他参与投资活动的专业团体面临的法律责任越来越大，这样，他们对审计保险的需求也就相应地越来越多，经理人员等聘请审计师相当于是为自己投保了一份职业责任保险。也有学者从这一视角进行研究，其结论进一步支持了审计保险的价值。

（三）保险论观点评价

保险论解释了法律诉讼中的“深口袋现象”，因此又被称作“深口袋理论”（the deep pocket theory）。正如沃勒斯所说：“审计人员对破产或濒临倒闭的公司负有‘深口袋’责任。在美国，法院多起判决认为，审计人员有能力避免未保险的投资人的营业风险。法院的倾向性观念是，审计人员有义务为向他们寻求避免财务损失的投资人担保财务报表的准确。法院明显地视审计为使风险社会化的一种手段。换一句话说，因为审计人员对揭示营业失败负有责任，审计人员转而通过收取高额费用把成本转嫁给客户，进而通过提高产品价格和降低投资报酬转嫁给社会。”（Wallace，1980）。Wallace的思想核心是，审计被认为是风险分担过程的一部分，这个过程旨在使较大的无法承受的风险变为较小的可接受的风险。在这种情况下，人们认为审计是分担社会风险的过程，审计的目的就是把风险降到社会可接受的水平之下。审计的过程就是搜集证据以把风险降到合理程度的过程。

保险论可以较好地解释目前审计风险越来越大的现象，却也有着自身无法克服的缺陷：第一，保险论建立的基础是信息使用者具有向审计师提起诉讼的权利，而且审计师具有相应的赔偿能力。但这在大多数国家都不能满足。第二，保险论无法解释的一个事实是，并非每次针对注册会计师的诉讼都是注册会计师败诉，按保险论的解释，风险应当转嫁给了注册会计师，责任也自然应由注册会计师承担，但事实上并不完全是这样。第三，保险论建立在分配经济学的基础上，按分配经济学的原理，保险费的支付人与受益人应是一致的，这就无法解释潜在投资者对审计后信息的利用。他们并未支付“保险费”，却也成了“受益人”。第四，保险论同样无法解释法定审计的问题。第五，由于信息不对称，被保险者比保险者更清楚自己的风险，则高风险的部门更愿意去买保险，低风险的部门则不买，出现了“逆向选择”，保费只得提高，这时会有更多的较低风险部门收回保险协议。依据这一原理，高风险的信息使用者可能要求审计，而低风险的信息使用者则不要求审计，这样，必然会导致审计人员自身的成本加大而要求提高审计收费，进而引起更多信息使用者放弃要求审计，如此循环往复，审计将不复存在。

由此可见，审计人员不是财务报表准确性和企业财务健康状况的保险人或担保人，要求审计人员对财务报表中的每一个错报事项负法律责任，也是不合情理的。如果要求达到这一水平，社会所支付的审计成本将超过其收益。更为重要的是，即使增加审计成本，也不一定能发现那些经过周密策划的欺诈行为，同样也不可能消除判断失误，因而保险论的观点也是片面的。

四、受托责任论和冲突论

（一）受托责任论

受托责任论认为审计因受托经济责任的产生而产生，并伴随着受托经济责任的发展而发展。审计的本质是一项独立的经济监督活动。

受托责任论认为，受托经济责任关系的确立是审计产生的前提条件。在两权分离的情况下，由于财产所有者的委托和财产经营管理者的受托，必定形成一种受托经济责任。当受托经济责任关系确立后，客观上就存在委托者对受托者实行经济监督的需要。财产所有者为了维护其利益，有必要对财产经营管理者因经营管理其财产所负的受托经济责任履行情况进行审查，以评价受托经济责任的履行。审计就是这样一种独立的经济监督方式，它是维系受托经济责任关系的根本。在现代经济社会中，由于审计的发展，受托人明确地感觉其受托经济责任的存在，从而使受托经济责任的贯彻成为名副其实、不容推诿的经济责任。

受托责任论有效地解释了审计与受托经济责任关系之间相互依存的关系。没有受托经济责任，就无所谓审计；同样，没有审计，受托经济责任也失去存在的条件。受托责任理论不仅解释了独立审计的导因，还同时能够解释内部审计和政府审计的导因，是我国学术界一直以来比较认可的一种理论。

但实际上，受托经济责任关系只是审计产生的重要前提，并不代表审计产生的必然性。第一，受托经济责任论无法解释没有明确的委托人和受托人或不存在受托经济责任情况下审计存在的合理性和必然性。例如，环境审计、社会责任审计，以及与企业间并不存在受托经济责任关系的潜在投资者和社会公众对审计的需求。第二，受托经济责任关系下产生的保证经济责任有效履行的机制并不必然是审计。例如，内部控制制度的建立与完善、由财产所有者自己完成的审查活动。第三，受托经济责任论无法准确、全面地解释审计职能的发展以及审计的社会作用。例如，随着审计行业的发展，审计已不再只是单一地发挥监督职能，还有了鉴证、评价和控制等职能。第四，受托经济责任论无法确切解释审计的独立性。受托经济责任论下关于审计独立性的理解是“独立于受托责任关系双方当事人”①，但是AICPA在1997年10月发布的白皮书中着重指出审计人员独立于信息本身，而不再提与作为信息提供者的公司管理当局的独立。

（二）冲突论

冲突论认为，审计之所以存在，最重要的原因就是“人跟人之间存在有利害冲突”。② 因为财务报表的提供者和使用者之间、使用者和使用者之间的利益并不一致，他们之间存在实际或潜在的利害冲突，正是因为存在利害冲突这个事实导致财务报表存在不实报道的可能性，这是社会需要审计的最基本原因。审计的本质在于通过独立的鉴证业务来维护各个利益集团的利益。

冲突论认为利益冲突是普遍存在的。首先，就财务报表的提供者和使用者而言，他们之间存在着利益冲突。例如贷款银行对于借款公司的资产采取比较稳健的看法；申请贷款者对于本身的经营前途则具有乐观的信心。由于两者存在利害冲突，管理当局所提供的财务报表及有关资料可能存在粉饰财务状况与经营成果的情况。因此，财务报表使用者期望外部独立专家对财务报表实施独立的、客

---

① 中国审计体系研究课题组．中国审计体系研究［M］．北京：中国审计出版社，1999：52.

② 李宗黎，林蕙真．审计新论（第三版）［M］．证业出版股份有限公司．

观的、公正的鉴证，发表一个意见以合理地保证财务报表不受利害冲突的影响。

其次，财务报表的使用者之间也可能存在利害冲突。比如，公司股东可能期望得到丰厚的现金股利，而债权人则更倾向于不发放股息。为使财务报表为每一个预期使用者所信赖，财务报表必须保持中立，即不能以牺牲一方利益为代价而使他方受益。基于这一考虑，也要求有一独立于利害关系各方的审计人员对财务资料予以鉴证，以维护各个利益集团的利益。

冲突论很好地解释了审计独立性的问题，而独立性又是审计最本质的属性。然而冲突论同样也不能很充分地解释审计的产生。第一，审计的产生可以说是因为存在利害冲突，然而存在利害冲突却不一定产生审计；第二，审计不是解决冲突的唯一办法，股权激励等其他方式的协调也可能成为解决冲突的较好选择。

五、审计动因衡量标准体系

上述审计动因理论主要从某个角度出发，对审计动因进行论述，在某种程度上都具有一定的合理性，但是衡量一种理论是否能很好地解释审计动因不应仅看某一方面的合理性，而应运用系统、全面的观点加以剖析。在对现代审计动因进行考察时有必要建立一定的客观标准体系，这一客观标准体系的建立应结合审计理论结构研究，并能充分体现历史性、逻辑性、系统性的原则。按照审计动因的衡量标准探寻审计产生的基础，将有助于我们得出恰当的审计动因结论。

审计动因衡量标准体系应该做到：

（一）能回答审计源于并满足了何种社会需求

社会学家 Herbert Spencer（1860）认为，“一个系统的存在与发展满足了社会的某种需求，任何一个系统里的动力过程都可视为是满足这些基本需求的功能过程；一个系统对其环境的适应程度取决于它满足这些功能需求的程度”。[①] 因而，研究审计起源就必须能够回答审计源于何种社会需求；研究审计的发展就必须解释审计在多大程度上适应了该种社会需求。

（二）不但能解释审计产生的原因，而且能解释审计发展的推动力

在不同的社会形态、经济形态下，审计的内容、形式、目的、方法等都随着社会的发展发生着变化，无论是最初产生的政府审计还是独立审计，都已经有了与当初不同的含义，因而，审计动因理论不仅应能解释审计产生的原因，而且要能解释审计发展的推动力。

（三）能由该种理论推导出审计本质、审计职能、审计目的和审计责任

理论界对于审计本质、审计职能、审计目的和审计责任的理解，一直颇有争议，而审计动因是对审计活动理论研究上的追根溯源，这一根本上的探究应有助于整个审计理论体系的构建，使其具有同一的理论内涵。

（四）能解释从不同角度划分的所有类型审计

审计作为一个体系（同一本质），从不同角度划分可以有多种类型，如从不同审计主体来看，审计可以划分为政府审计、独立审计和内部审计；从不同审计目的来看，审计可以划分为财务审计、管理审计、法规审计等。解释审计动因的理论应能回答不同审计主体的存在原因，并能说明不同审计对象（审计客体）需要审计的理由，还应能界定不同目的审计的动因。

（五）能解释对审计进行管制的合理性

审计活动自产生以来就伴随着对其进行的管制，这一点在独立审计上体现得尤其明显。解释审计动因的理论若不能对这一相伴相生的现象做合理解释，便很难具有说服力。

---

① 于海．西方社会思想史［M］．上海：复旦大学出版社，1993.

（六）能说明审计为什么需要保持独立性

独立性是审计活动的最本质属性，审计的产生、审计行业的生存与发展都与审计的独立性息息相关，因而解释审计产生、存在、发展的原因和动力的理论必须能够回答审计为什么需要保持独立性。

（七）能解释不同时期、不同国家审计发展水平存在差异的原因

每一种理论的产生都是置于一定的假设前提下的，而审计正是对有差异的社会环境下的社会需求的一种满足，在不同的条件下，理论假设前提的完备程度就会不同，故解释审计动因的理论在解释不同时期、不同国家审计发展水平存在差异的原因时不应改变该种理论的假设，而只能通过这种假设的完备程度做出解释。

六、运用多因决定论思维框架探求现代审计动因

审计同其他任何一门科学一样，追根溯源，它的产生是有着特殊的前提和条件的，而且这些前提和条件会随着社会的发展、环境的变迁而改变。探求审计动因，具有重要的理论意义和实际价值。在遵循审计动因衡量标准的基础上，我们认为，审计的起源、产生、存在、发展不是由单个因素决定的，而是由多个因素共同决定的。审计活动的复杂性与重要性，导致审计的产生必然是由于多个因素共同的影响。按照审计动因衡量标准体系的要求，运用多因决定论思维框架，我们认为以下是推动现代审计不断发展的主要因素。[①]

（一）权力分散的结果

随着社会环境的改变，组织规模的不断扩大，无论是由财产所有者还是由少数管理人员直接控制组织的全部经营管理工作都变得越来越不现实，这时就出现了权力的分散。权力分散既包括财产所有权与

---

① 刘明辉．高级审计理论［M］．大连：东北财经大学出版社，2010.

财产管理权的分离，也包括经营管理权的不断分解、下放。权力分散使得财产所有者或者有关管理人员在获取信息时可能面临风险，因此有必要进行监督检查。

就政府审计而言，不论社会制度如何，财产所有者都需要对财产管理者，即政府行政部门的管理活动进行监督；就内部审计而言，由于决策权和其他管理权部分的下放，有些部门或分支机构要实行独立经营，随之，最高管理层的许多决策活动就要转变为监督活动，根据管理跨度原则，最高领导层直接控制的人员相对于间接控制的人员越来越少，因而也就越来越需要专职的监督人员来协助自己完成对企业的总体控制；就独立审计而言，由于公司所有者——股东不参与管理，管理权交由公司管理部门如董事会等执行，公司所有者同样需要聘请独立的审计师对管理部门的管理活动予以监督。所以，权力的分散是审计产生的原因之一。

（二）客观条件的约束

在理论上，组织中的财产所有者和高层管理人员可以获得有关经营管理的信息，也有权对经营管理者和中下层管理人员的活动进行检查，但由于受到在权力分散基础上的法律、时间、空间、成本等一系列条件的限制，他们不能直接取得完整、可靠的信息，或者无法进行直接监督，因而聘请具有某种资格（独立性、专业训练）的人来对相关信息进行验证、代为检查成为一种必然。

就政府审计而言，现代政府收支巨大，政府职责日益扩大，政府活动、政府项目日趋复杂，使得立法部门无法有效履行自己的监督职责，因而有必要建立政府审计组织，招聘或利用各种专家，来对政府行政部门的活动进行检查监督；就内部审计而言，现代企业规模不断扩大，分权式管理方式不断深化，企业的管理层无法对下属的活动实施直接监控，于是，设置内部审计部门的方式被广为采用；就独立审计而言，股份公司的结构使财产所有权与管理权实现了分离，股东不但不能直接参与公司管理，而且无权亲自检查公司财务报表，这就需要有人代表股东验证财务报表，这种限制是通过法律来明确的，属于法定的限制。所有这些约束都是促使审计产生的原因。

（三）复杂技术的约束

现代社会的经济业务日益复杂，错误和舞弊的可能性都在增加，账务处理和报表编制需要专门的技术，信息使用者为了得到真实准确的信息，在自己不具备对财务信息鉴证的能力的情况下，有必要雇用独立的第三者对财务报表进行审计。愈加复杂的技术因素无论在过去、现在还是未来都是影响审计的一个重要因素。不难推断，如果决策者可以轻易地对信息的真实可靠性进行鉴证，那么审计就没有产生的必要了。未来经济业务会更加复杂，计算机技术的广泛应用使信息存取方式发生变化。经济的发展需要更多样的信息，对信息的鉴证需要更多样的知识，一个决策者不可能同时具备这些专业知识，因此有必要利用独立专家对信息质量进行鉴证。

（四）趋利动机的存在

信息提供者在提供信息给使用者时总有一定利己的动机。例如，公司希望得到银行贷款而向银行提供财务报表，为了能得到贷款，管理者就有高估资产、低估负债的倾向，银行需要对财务报表的真实可靠性进行鉴定。或者，为了使其业绩更加突出乃至使股票期权顺利实现，管理者在向社会公众公布财务报表时，会有虚增利润的动机。总而言之，人性的贪婪和自私使得信息提供者只要有机会就会选择利己的方式处理信息，而这一方式很可能是对信息使用者不利的。正是由于趋利动机的存在，信息使用者为了避免决策失误要求对信息进行鉴证，同时有些信息提供者为了证明自己并未由于趋利动机而使信息发生歪曲也要求对信息鉴证。双方的要求只能由一个独立的第三方完成才更公正，这样就产生了对独立审计的需要。

（五）调和矛盾的需要

根据经济学的原理，任何一个人或一个集体都有自己相对独立的利益，而在社会经济资源一定的前提下，不同利益主体之间必定存在着一定的矛盾。这种矛盾既包括公司股东和公司管理部门之间的矛盾，也包括公司管理部门与债权银行之间的矛盾。

就政府审计而言，财产的所有者希望作为财产管理者的政府行政部门能以最小的成本来从事最高效的经营活动，而财产管理者可能会要求较高的报酬，即较大的成本。在两方利益冲突的情况下，客观上就需要对管理者的经营活动予以审计，使得所有者和管理者对所需合理成本尽量达成一致。就内部审计而言，高层管理人员与中下层管理人员之间同样存在着局部利益的对立，于是，也就产生了内部审计，使高层和中下层管理人员对所需合理的经营成本达成一致。就独立审计而言，股东和经营管理人员更是存在着利益上的冲突，因为对股东来说，企业的经营管理所需费用归根结底是他们所支付的费用中的一部分，是利润的减项；而对管理人员来说，企业的经营管理费用正是他们主要的收入来源，这也就是他们冲突的根本原因，这样客观上需要独立审计，对他们在此类利润分配等问题上的矛盾予以调节。

（六）降低风险的需要

由于经济上或营业上的原因，如经济衰退、决策失误和意外同业竞争等，企业面临严峻的营业风险，所有者的投资极有可能成为泡影。为减少营业风险所带来的损失，就要求企业提供更多的财务与非财务的信息，而且投资者更关心的是关于企业前景的信息。但由于存在信息风险，使得向投资者提供不可靠信息的可能性与日俱增。为了把信息风险降到一定水平，就要由审计师对信息进行审核，并提供评价，因而产生了对审计的需要。

未来技术创新将使企业产品科技含量越来越高，高科技产品种类越多，经营风险也就越大，金融创新使企业投资风险不断加大；企业经营更趋复杂，错误处理的概率提高。未来决策所需信息与目前会有所不同，知识经济下无形资产、人力资本将会得到确认，确认的风险性使财务信息打破了传统的稳健原则，信息风险在21世纪将有增长的趋势。面对这种趋势，决策者为了减少自身风险，更有必要聘请审计师先对信息进行鉴证。如果审计师未能发现信息的不真实之处，他们应为自己的失职而做出赔偿，这样也就起到了转嫁风险的目的。

总而言之，权力的分散构成了现代社会的基本特征，而日益复杂的现代经济环境使建立在权力分散基础上的组织面临严重的信息风险问题。社会需要审计师以独立的身份对代理人提供的财务信息进行验证，监督代理人活动，调和冲突各方的矛盾，从而实现降低信息风险，确保委托代理关系的有效维系。[①] 审计在纷繁复杂的现代社会环境之中变得越发重要。

第三节　审计的发展历史

一、审计的发展历史概况

审计的历史十分悠久，审计史学家理查德·布朗（Richard Brown）曾指出“审计的起源可追溯到与会计起源相距不远的时代”。早在2000多年之前，古埃及、古巴比伦、古希腊和古罗马这些人类文明的发源地进入奴隶制经济发展阶段之时，奴隶主统治者授权各级官吏管理国家事务，统治者为保持其统治地位，发展财政经济，防止官吏腐化堕落，设置了专门负责经济监督的审计官员。同为文明古国的中国，在强盛的奴隶制国家——西周中，设有从事政府审计的“宰夫”官职。宰夫负责审查各官吏的财政收支，监视官吏严格遵守和执行朝法，对发现的违法乱纪行为，可以向上级甚至周王报告，请求加以诛罚。这些都是最初的审计活动，也是政府审计的雏形。

进入封建社会后，随着社会政治经济的发展，为适应封建专制中央集权的需要，国家开始颁布法律，要求实行审计监督，审计组织也

---

① 陈汉文．审计［M］．厦门：厦门大学出版社，2004：25.

逐步独立于财政部门。在我国的官制中出现了源于三国时期、兴旺于隋唐的比部。比部是独立于财计部门——户部的专职审计机构，对国家的财政收入、财政支出及公库系统的出纳进行审核。比部的设立被认为是中国审计史上的一座里程碑，对后世审计组织的建设产生了积极的影响。

18 世纪下半叶至 19 世纪末，在欧洲工业革命的促进下，产业规模日益扩大，企业开始大量涌现，并诞生了股份有限公司。股份公司的所有权和经营权开始分离，公司的股东和债权人不能直接参与经营，为了保护自身的经济利益，专门聘请独立于公司所有者和经营者的审计师对公司的账目进行审核，以查实公司提供的财务信息。1862 年，英国的公司法规定，股份公司应依法进行年度审计，股东可以聘请会计师或其他专家对公司的会计记录和财务报表进行审查，向股东提交审查报告。独立审计的形成将审计发展纳入了一个新的经济框架之内，迅速成为审计发展的主流，也揭开了现代审计的篇章。

20 世纪 40 年代后特别是第二次世界大战以后的数十年里，作为“社会经济细胞”的企业，其外部经营环境和内部组织结构日益复杂。一方面，经济全球化、一体化催生了众多的跨国公司；另一方面，跨国公司的内部管理层次快速分解。企业内部的管理人员和内部审计人员面对骤变的经济环境，为了降低成本、在激烈的竞争中取得理想的经济效益，开始在内部审计的理论和实务方面进行积极探索，促进了现代内部审计的形成。

简要回顾审计的起源与发展历程，我们可以得到如下启示：审计是社会环境尤其是经济、政治和法律环境变迁的产物。① 环境的改变推动着审计呈现出多样发展态势，审计总是力求不断地适应社会发展的需求。

---

① 刘明辉．审计［M］．大连：东北财经大学出版社，2001.

二、注册会计师审计发展的历程

注册会计师审计起源于意大利合伙企业制度，形成于英国股份制企业制度，发展和完善于美国发达的资本市场，它是伴随着资本主义生产力的发展而产生和发展起来的。

（一）注册会计师审计的起源

注册会计师审计起源于16世纪的意大利。当时地中海沿岸的商业城市已经比较繁荣，而威尼斯是地中海沿岸国家航海贸易最为发达的地区，是东西方贸易的枢纽，商业经营规模不断扩大。由于单个的业主难以向企业投入巨额资金，为适应筹集资金的需要，合伙制企业便应运而生。合伙经营方式不仅提出了会计主体的概念，促进了复式簿记在意大利的产生和发展，也催生了对注册会计师审计的最初需求。尽管当时合伙制企业的合伙人都是出资者，但是有的合伙人参与企业的经营管理，有的合伙人则不参与，所有权与经营权开始分离。那些参与经营管理的合伙人有责任向不参与经营管理的合伙人证明合伙契约得到了认真履行，利润的计算与分配是正确的，以保障全体合伙人的权益。在这种情况下，客观上需要独立的熟悉会计专业的第三方对合伙企业的经济活动进行鉴证，人们开始聘请会计专家来担任查账和公证工作。这样，在16世纪意大利的商业城市中出现了一批具有良好的会计知识、专门从事查账和公证工作的专业人员，他们从事的工作，可以说是注册会计师审计的起源。随着会计专业人员人数的增多，他们于1581年在威尼斯创立了威尼斯会计协会。其后，米兰等城市的职业会计师也成立了类似的组织。

（二）注册会计师审计的形成

注册会计师审计虽然起源于意大利，但对后来注册会计师职业的发展影响不大，英国在注册会计师职业的形成和发展过程中发挥了重要作用。

18世纪，英国的资本主义经济得到了迅速发展，生产的社会化程度大大提高，企业的所有权与经营权进一步分离。企业主希望有外部的会计师检查企业管理人员是否存在贪污、盗窃和其他舞弊行为，于是英国出现了第一批以查账为职业的独立会计师。他们受企业主委托，对企业会计账目进行逐笔检查，重点在查错防弊，检查结果向企业主报告。因为是否聘请独立会计师进行查账由企业主自行决定，所以此时的独立审计尚为任意审计。

股份有限公司的兴起，使公司的所有权与经营权进一步分离，绝大多数股东不再直接参与经营管理，但出于自身的利益，非常关心公司的经营成果。证券市场上潜在的投资人同样十分关心公司的经营情况，以便进行投资决策。同时，由于金融资本对产业资本的逐步渗透，增加了债权人的风险，债权人也非常重视公司的生产经营情况，以便决定是否继续贷款或者索偿债务。公司的财务状况和经营成果，只能通过公司提供的财务报表来反映，因此，客观上产生了独立会计师对公司财务报表进行审计，以保证财务报表真实可靠的需求。值得一提的是，注册会计师审计产生的“催产剂”是1721年英国的“南海公司事件”。当时的“南海公司”以虚假的会计信息诱骗投资者上当，其股票价格一时扶摇直上。但好景不长，“南海公司”最终未能逃脱破产倒闭的厄运，使“股东”或“投资者”和债权人损失惨重。英国议会聘请会计师查尔斯·斯耐尔（Charles Snell）对“南海公司”进行审计。斯耐尔以“会计师”名义出具了“查账报告书”，从而宣告了独立会计师——注册会计师的诞生。为了监督公司管理层的经营管理活动，保护投资者、债权人利益，避免“南海公司事件”重演，英国政府于1844年颁布了《公司法》，规定股份公司必须设监察人，负责审查公司的账目。1845年，又对《公司法》进行了修订，规定股份公司的账目必须经董事以外的人员审计。于是，独立会计师业务得到迅速发展，独立会计师人数越来越多。此后，英国政府对一批精通会计业务、熟悉查账知识的独立会计师进行了资格确认。1853年苏格兰爱丁堡创立了第一个注册会计师的专业团体——爱丁堡会计师协会。

该协会的成立，标志着注册会计师职业的诞生。1862 年，英国《公司法》确定注册会计师为法定的破产清算人，奠定了注册会计师审计的法律地位。

（三）注册会计师审计的快速发展

从 20 世纪初开始，美国注册会计师审计得到了迅速发展。美国 1933 年《证券法》规定，在证券交易所上市企业的财务报表必须经过注册会计师审计，向社会公众公布注册会计师出具的审计报告。伴随着美国经济的发展，形成了一批国际会计师事务所。

20 世纪 40 年代之前是美国会计职业发展的初期。当时注册会计师服务范围比较单一，主要集中在会计审计税务领域。美国注册会计师协会（AICPA）对于注册会计师和事务所道德规范也有着不徇私情的严格要求。AICPA 与证券交易监管委员会（SEC）密切合作，并开发制定最初的会计原则和审计程序。如 SEC 的首席会计师参与会计原则和审计原则的制定过程，并成功推动着专业标准的制定和发展过程。20 世纪 30 年代的会计标准（会计公告）、审计程序主要由 AICPA（前身）发布。在 20 世纪 40 年代到 60 年代中期，“美国会计审计及会计职业达到了其声誉和名望的顶峰”。AICPA 着手制定公认审计准则，用来规范注册会计师审计业务。AICPA 利用其影响力和财力，开展并参与到多种会议中，进一步扩展自身影响，提升行业的社会形象和地位。此外，会计教育和专业考试在全国普及，会计成为一门学问而不是手艺，从而登入大学教育的大雅之堂。会计研究文献层出不穷，经典会计教材和学术文献更是广为流传。就注册会计师而言，他们在政府部门担任要职，并以此进一步提升行业的社会地位。就会计师事务所而言，它们的业务领域从单一会计审计税务扩展到信息系统及管理咨询；会计公司高级合伙人和学者积极参与会计原则的讨论会。会计公司合伙人的社会地位非常高。这个时期审计失败案件比较少。媒体也给予会计师及会计原则很多关注和肯定性的评论。

从20世纪60年代中期到21世纪初，美国会计职业开始下坡路之行。首先，由于数宗公司丑闻爆发，会计职业身陷法律诉讼包围之中。会计职业发展过程中那些潜在而尚未引起关注，或者已经引起关注但尚未聚焦的问题终于爆发了。AICPA专门委员会提议成立一个新的独立的（独立于AICPA和政府部门）机构来制定会计准则，于是财务会计准则委员会（FASB）成立。随后，AICPA日渐失去对FASB的影响，而SEC对FASB的影响日渐加强。在70年代，证券市场爆发巨额舞弊案件。这促使国会对其曾经非常信赖的会计职业开展第一次调查。调查结果认为"八大"控制会计标准和审计标准缺乏独立性。为了避免政府全面介入会计职业监管，AICPA迅速重组机构，成立相对独立的监管机构——公众监督委员会（POB），并在行业内实施同业互查。

1980年以后，审计市场竞争日益激烈，企业界兴起合并浪潮，咨询服务得以极大发展。在法律责任方面，由于大型会计公司面临更多的巨额诉讼赔偿，他们和AICPA联合说服国会，使得国会通过《个人证券诉讼法案》，该法案加大追究注册会计师的法律责任的难度，会计职业在商业环境中更具有安全感。这些情况一直持续到"安然事件"爆发。2001年，由于"安然""世通"事件，美国500强中的前几名公司一下子轰然倒塌，这使得全球的投资者对美国的资本市场都产生了怀疑，在这种情况下，美国以最快的速度、最坚定的决心，开始实施《公众公司会计改革和投资者保护法》（简称《萨班斯法案》）。该法案是自20世纪30年代通过证券法案以来，对美国商界和会计界影响最大的一部法律。"安然事件"之后，美国政府以极快的速度进行立法调整，在该法案下，确立了一个非政府性质的、独立的新监管机构——"公众公司会计监察委员会"（PCAOB），专门监督会计师事务所对公众公司的信息披露事项，把对财务报告的内部控制作为关注的具体内容，不仅要求管理层报告公司对财务报告的内部控制，而且要求外部审计师证实管理层报告的准确性。

三、中国注册会计师审计的发展

（一）萌芽阶段

中国注册会计师审计的历史比西方国家要短得多。旧中国的注册会计师审计始于辛亥革命之后，当时一批爱国会计学者鉴于外国注册会计师包揽我国注册会计师业务的现实，为了维护民族利益与尊严，积极倡导创建中国的注册会计师职业。1918 年 9 月，北洋政府农商部颁布了我国第一部注册会计师法规——《会计师暂行章程》，并于同年批准著名会计学家谢霖先生为中国的第一位注册会计师，谢霖先生创办的中国第一家会计师事务所——正则会计师事务所也获准成立。此后，又逐步批准了一批注册会计师，建立了一批会计师事务所，包括潘序伦先生创办的“潘序伦会计师事务所”（后改称“立信会计师事务所”）等。1930 年国民政府颁布了《会计师条例》，确立了会计师的法律地位。之后，上海、天津、广州等地也相继成立了多家会计师事务所。1925 年在上海成立了“全国会计师公会”。1933 年成立了“全国会计师协会”。截至 1947 年，全国已拥有注册会计师 2619 人，并建立了一批会计师事务所。但是，在半封建、半殖民地的旧中国，注册会计师职业未能得到很大的发展，注册会计师审计也未能充分发挥应有的作用。会计师事务所主要集中在上海、天津、广州等沿海城市，注册会计师业务主要是为企业设计会计制度、代理申报纳税、培训会计人才和提供其他会计咨询服务。

（二）恢复发展阶段

1978 年，党的十一届三中全会以后，我国实行改革开放的方针，把工作重点转移到社会主义现代化建设上来，商品经济得到迅速发展，为注册会计师制度的恢复重建创造了客观条件。随着外商来华投资日益增多，1980 年 12 月 14 日，财政部颁布了《中华人民共和国中外合资经营企业所得税法实施细则》，规定外资企业财务报表要由注册会计师进行审计，这为恢复我国注册会计师制度提供了法律依据。1980

年12月23日，财政部发布《关于成立会计顾问处的暂行规定》，标志着我国注册会计师职业开始复苏。1981年1月1日，“上海会计师事务所”宣告成立，成为新中国第一家由财政部批准、独立承办注册会计师业务的会计师事务所。我国注册会计师制度恢复后，注册会计师的服务对象主要是三资企业。这一时期的涉外经济法规对注册会计师业务做了明确规定。1984年9月25日，财政部印发《关于成立会计咨询机构问题的通知》，明确了注册会计师应当办理的业务。1985年1月实施的《中华人民共和国会计法》规定：“经国务院财政部门批准组成会计师事务所，可以按照国家有关规定承办查账业务。”1986年7月3日，国务院颁布《中华人民共和国注册会计师条例》，确立了注册会计师行业的法律地位。随着会计师事务所数量的增加、业务范围的拓宽，如何对注册会计师和会计师事务所实施必要的管理，有效组织开展职业道德和专业技能教育，加强行业管理，保证注册会计师独立、客观、公正执业，成为行业恢复重建面临的重大问题。1988年11月15日，财政部借鉴国际惯例成立了中国注册会计师协会，随后各地方相继组建省级注册会计师协会。1993年10月31日，第八届全国人大常委会第四次会议审议通过了《中华人民共和国注册会计师法》（以下简称《注册会计师法》），自1994年1月1日起实施。在注册会计师事业发展的同期，我国另一支注册会计师审计队伍——注册审计师也从无到有发展壮大起来。

（三）规范发展阶段

1994年1月，《中华人民共和国注册会计师法》正式实施，标志着注册会计师行业快速向规范化方向迈进。1995年6月，中国注册会计师协会与中国注册审计师协会实现联合，开创了统一法律规范、统一执业标准、统一监督管理的行业发展新局面，为行业的规范发展奠定了良好的基础。“两会”联合后，注册会计师行业的规范化发展主要体现在三个方面：一是1997年拉开了行业清理整顿工作的序幕；二是1998年启动了行业体制改革工作；三是注册会计师审计准则制定工作基本完成，执业规范体系基本形成。1995 年至 2003 年，中注协先后制定了 6 批注册会计师审计准则，包括 1 个准则序言、1 个注册会计师审计基本准则、28 个注册会计师审计具体准则和 10 个注册会计师审计实务公告、5 个执业规范指南，此外，还包括 3 个相关基本准则（职业道德基本准则、质量控制基本准则和后续教育基本准则），共计 48 个项目。

（四）国际化发展阶段

近年来，中国注册会计师行业在“人才培养战略”“国际化战略”“做大做强”战略的指引下，步入了国际化发展的阶段。自 2003 年开始，为了加快国际化步伐，中国注册会计师审计准则的国际趋同和修订工作全面开展。财政部和中注协拟订了 22 项准则，并对 26 项准则进行了必要的修订和完善。2010 年 11 月，根据国际审计准则的最新动态，财政部又对 38 项审计准则进行了修订，保持了与国际准则持续全面的国际趋同。这些准则的发布，标志着我国已建立起一套适应社会主义市场经济发展要求、顺应国际趋同大势的中国注册会计师执业准则体系。2005 年，中国注册会计师协会启动行业人才培养战略和准则国际趋同战略。2007 年，中注协启动做大做强战略。在这些战略的有力推动下，中国注册会计师行业发展迅猛。2011 年，中国本土事务所中，年收入超过 5 亿元的大型会计师事务所增加到 10 家，其中，年收入超过或接近 10 亿元的增加到 3 家。这意味着，本土会计师事务所与国际四大会计师事务所之间的收入差距正在缩小。2013 年，《2013 年会计师事务所综合评价前百家信息》显示，排行前十的会计师事务所分别为：普华永道中天、德勤华永、瑞华、安永华明、立信、毕马威华振、大信、天健、信永中和、大华。瑞华作为本土会计师事务所首次跻身于前百家排名的前四位。中国注册会计师协会的统计资料显示，截至 2013 年 12 月，中国有会计师事务所 8066 家，从业人员约 30 万人。截至 2014 年 6 月 30 日，中国注册会计师协会个人会员数量突破 20 万人。其中，在会计师事务所执业的注册会计师近 10 万人。根据注册会计师行业2011年至2015年发展规划，执业注册会计师的人数将达到12万人，同时，预计将有600名具有国际认可度的注册会计师。随着经济体制改革的深入，一系列金融、投资和企业改革措施的推出，以及市场体系的完善，出于对投资者和公众利益的保护，社会对于高素质、国际化的审计人才的需求更加突出。中国注册会计师行业已迈上法制化、规范化和国际化轨道。

第四节　审计的分类

为了能正确理解与掌握不同的审计形态，有必要按照一定的标准，对审计予以科学的分类。审计分类的标准很多，例如：按审计主体的不同，可以划分为政府审计、内部审计和注册会计师审计；按审计范围的不同，可以划分为全面审计和局部审计，综合审计与专题审计；按审计的时间不同，可分为事前审计和事后审计，期中审计和期末审计，定期审计和不定期审计；按审计地点不同，可分为就地审计、送达审计和远程网络审计；按审计动机不同，可分为法定审计和任意审计；等等。

一、审计分类

按照审计的目的、内容的不同，对审计进行分类，包括财务报表审计、合规审计（Compliance Audit）和经营审计（Operational Audit）三类。

（一）财务报表审计

财务报表审计是对被审计单位的财务报表（如资产负债表、利润表、股东权益变动表和现金流量表）、财务报表附注及相关附表进行的审计。这种审计的目的在于查明被审计单位的财务报表是否按照一般公认会计准则（在我国，是指适用的《企业会计准则》和相关会计制度，下同），公允地反映其财务状况、经营成果和现金流量情况。

财务报表审计是近代股份公司出现后，由于公司的所有权和经营权的分离，以及股份的社会化而逐渐发展起来的一种审计方式。在西方国家，从名义上讲，财务报表审计是保护股东权益的一种手段，但从实际效果看，财务报表审计所涉及的范围包括了与被审计单位有财务联系的各个方面。例如，在美国注册会计师协会颁布的《审计准则说明书》中，就详细规定了审计师所应考虑的有关事项。财务报表审计是现代审计中理论最完备、方法最先进的一种审计方式。

（二）合规审计

合规审计是为查明和确定被审计单位财务活动或经营活动是否符合有关法律、法规、规章制度、合同、协议和有关控制标准而进行的审计。由注册会计师或税务审核人员就企业所得税结算申报书是否遵从税法规定申报而进行的审计，是合规审计的典型例子。我国开展的财经法纪审计，如对严重违反国家现金管理规定、银行结算规定、成本开支范围、税法规定等行为所进行的审计，也是一种合规审计。其主要目的是检查财经纪律执行情况，揭露违法乱纪行为，如偷税漏税、乱挤乱摊成本、擅自提价涨价、滥发实物奖金、公款旅游、请客送礼、贪污盗窃、投机倒把、行贿受贿等。由于违反财经纪律手段的特殊性，审计机构应采取不同的审计对策。按照有关规定，审计机关对违反财经纪律的单位和个人有权予以经济制裁；对严重违法乱纪人员，有权向有关部门建议予以行政纪律处分；对触犯国家刑律的，有权提请司法机关依法惩处。开展财经法纪审计对于维护财经纪律的严肃性，保证和推动改革开放的深入进行，保护国家、企业和个人三者的正当权益有特殊意义。

（三）经营审计

经营审计是为了评价某个组织的经济活动在业务、经营、管理方面的业绩，找出改进的机会并提出改善的建议，而对一个组织的全部或部分业务程序与方法进行的检查。经营审计的独立性要求不像财务报表审计那么严格，此外，内部审计师、政府审计师或注册会计师都可以执行经营审计。经营审计的结果以一定的报告形式传达给用户，但这种报告的形式与内容随着约定任务的情况不同而有着非常大的差别。经营审计的用户通常即是被审计单位，而且经营审计报告很少被第三方所利用。表1－1表示了三种不同审计类型的差异。

表1－1 财务报表审计、合规审计和经营审计的差异

审计种类	认定的性质	既定标准	审计报告的性质	例子
财务报表审计	企业个体的财务报表信息	一般公认会计原则	财务报表是否公允的意见	上市公司年度财务报表审计
合规审计	认定是否遵照政策、法令政策、法律规定及规章等	管理层的政策、法律、规定或第三方的要求	发现偏差的汇总及对合规程度的保证	财经法纪审计
经营审计	活动或执行的情况	管理层或法令设立的目标	观察到的效率或效果；改进的建议	经济效益审计

二、审计师的种类

审计师是审计活动的执行者，根据其所服务的单位在审计组织体系中的位置的不同，审计师可以分为社会审计组织中的注册会计师、国家审计机关的政府审计师和企业内部审计机构的内部审计师。

（一）注册会计师

注册会计师是依法取得注册会计师资格证书，并接受委托从事审计、鉴证和相关服务的执业人员。凭借他们所受的教育、训练以及其所拥有的经验，注册会计师有资格执行上述的各种专业服务，注册会计师的客户可能包括各类企业、非营利组织、政府机构及个人。同医生、律师等专业人员一样，注册会计师也是以公费基础来提供服务。在我国注册会计师必须在会计师事务所执业，他们在其中的角色同律师在律师事务所的角色有许多类似的地方，但是注册会计师在进行审计及报告结果时必须与客户保持独立，而律师则可在为客户提供法律服务时，立场偏向客户。

要取得注册会计师资格通常必须通过资格考试。各国对注册会计师资格的要求不同，如美国要求申办执照的注册会计师必须通过统一的注册会计师考试，要求有事务所一年或两年审计工作经验等。日本的公认会计士申办执照必须通过三个等级考试，总体掌握会计知识，有初级的公认会计士的专门知识和职业能力，平均考试通过率在8%～10%。德国注册会计师除了应该具备学历教育要求之外，还必须有不少于3～5年的工作经验。我国的注册会计师必须参加全国统一考试，成绩合格，并从事审计业务工作两年以上，方可申请注册。

（二）政府审计师

政府审计师是指审计机关中接受政府委托，依法行使审计监督权，从事审计业务的人员。他们对包括各级政府机构、国家金融机构、国有企事业单位以及其他有国家资产单位的财政、财务收支的真实性、合法性、效益性进行综合性的经济监督活动。政府审计是世界各国审计的最初形态，中国最早的政府审计师是西周的宰夫。现代政府审计不仅在审计体制上更加完善，而且在审计理论和实务方面有了许多发展，绩效审计、环境审计、社会责任审计等的逐步开展对政府审计师的素质提出了更高的要求。我国的政府审计师实行专业技术资格制度，审计署和省级审计机关建立专业技术资格考试、评审制度。审计专业技术资格分为初级（审计员、助理审计师）资格、中级（审计师）资格、高级（高级审计师）资格。审计机关录用的审计师必须经过培训合格后，才能独立承办审计业务。政府审计师既从事合规审计、经营审计，也从事与财务报表有关的审计。在美国很多州，在审计总署的工作经验可以作为充任注册会计师所要求实际工作的经验。

（三）内部审计师

内部审计师是组织所雇用的从事本组织内部审计工作的在册职员。内部审计有助于强化企业内部控制、改善企业风险管理、完善公司治理结构，促进企业目标的实现。内部审计的范围和目标因被审计单位的规模、组织结构和管理层需求的不同而存在很大差异。内部审计通常包括下列一项或多项活动：监督内部控制和风险管理；检查财务信息和经营信息；评价经营活动的效率和效果；评价对法律法规、其他外部要求以及管理层政策、指示和其他内部要求的遵守情况等。内部审计同样应当具有独立性才能发挥最大的控制功能，然而内部审计师受雇于企业，限于劳资关系的固有约束，内部审计师不能具有像注册会计师那样高的独立性。

本章小结

审计是经济发展到一定阶段的必然产物。审计随着社会需求的扩展而不断向前发展。主流解释审计产生原因的理论有代理理论、信息论和保险论，但是对于审计需求的理解要结合复杂的社会环境，从多个角度进行分析。审计可以分为财务审计、合规审计和经营审计，审计师包括注册会计师、政府审计师和内部审计师。

第二章

走近审计：重要的概念

◎知识目标：掌握审计的基本概念，鉴证业务的概念和要素，了解鉴证业务的分类。掌握审计重要性、风险和证据的含义。了解审计准则的发展，掌握审计准则体系的结构。

◎能力目标：根据鉴证业务要素判断某项业务的类型，能够理解审计、审阅业务在保证程度方面的差异。

第一节　从审计服务到鉴证服务

一、审计的含义

美国会计学会（American Accounting Association，AAA）在 1973 年《基本审计概念报告》中将审计定义如下：

“审计是一个客观地获取和评价与经济活动和经济事项的认定有关的证据，以确认这些认定与既定标准之间的符合程度，并把审计结果传达给有利害关系的用户的系统过程。”

简单地说，审计是就有关经济活动和经济事项的一些说法加以验证的意思。如财务报表就是企业的管理层表示认定主张的一种方式，企业通过发布财务报表来认定其财务状况、经营成果和现金流量等情况。这些认定是否真实，就需要审计师加以验证。如何进行验证呢？应当将这些认定同有关的标准进行比较，看它是否与既定的标准相符并判断其相符合的程度。在验证过程当中，特别强调审计师应当搜集证据，没有证据就不能发表意见；而且在搜集证据时必须保持系统性和客观性，以保证审计的质量。最后，审计的结论必须以一定的方式传达给使用者，审计过程才算完成。

为了更好地理解上述定义，以下就其中的几个关键术语做进一步的解释。

（一）经济活动和经济事项的认定

引起被审计单位的资产、负债、所有者权益及收入和费用发生增减变化的活动就是经济活动或称交易事项（transactions）。被审计单位有关经济环境和经济事项的认定是审计的对象，它可以是公司的财务报表，也可以是某一建造合同的总成本等。

（二）客观地获取和评价证据

客观意味着没有偏见，这不仅是对信息获取方法的质量要求，也是对审计师的道德要求。审计证据是审计师用来确定被审计的认定与既定标准是否一致的资料。获取和评价证据是审计的中心环节，客观地获取和评价证据要求对被审计单位有关认定的形成基础加以审查，并对其结果加以公正的评估，不因支持或反对做此认定的个人或单位而有所偏差或持有任何偏见。

（三）系统的过程

系统的过程指的是合理的、有序的、有组织的步骤或程序。审计是一种遵循顺序、逻辑严密的活动，这就要求审计的事前规划必须详细周到，执行过程必须合乎顺序，传达结果的报告必须用词明确且准时送达。

（四）与既定标准相符合的程度

既定的标准是指判断认定时所采用的衡量标准，这些标准可能是立法机关所制定的规则，或管理层所定的预算或绩效衡量标准，也可能是财务会计委员会或其他权威机构所定的一般公认会计原则。符合的程度就是将被审计单位所做的认定与既定标准相比较，验证二者的接近程度。

（五）审计结果

审计结果是基于对证据的分析与评价而得出的对认定与结果的一致程度的评价。审计结果的传达通常采用书面报告的形式，例如财务报表审计报告。

（六）有利害关系的用户

审计服务的对象并不仅限于被审计的单位或审计的委托人，可能是所有有利害关系的用户，包括股东、债权人、证券交易机构、税务金融机构及潜在投资者等。

二、从审计服务发展到鉴证服务

“鉴证业务”（Assurance Service）也称“保证服务”“认证业务”“可信性保证业务”。它是20世纪90年代中后期国际会计师行业对注册会计师专业鉴证性服务的一个新的概括和提法，既是注册会计师专业服务产品向纵深开发的结果，也是注册会计师专业服务从“审计”向“鉴证”的一次重大跨越。

最早有组织地致力于鉴证业务的研究与开发的是美国注册会计师协会（AICPA），其于1993年探讨并指出了审计的未来发展方向是鉴证业务。1994年AICPA成立了鉴证业务特别委员会（SCAS），对审计的发展进行专门研究。此后，AICPA成立了鉴证业务执行委员会（ASEC），对鉴证业务具体的执业准则、有待发展的鉴证业务进行系统的研究。加拿大的特许会计师协会（CICA）和澳大利亚的会计职业组织等也成立了相关机构进行鉴证业务的研究。

1993年5月，美国注册会计师协会在新墨西哥州圣达菲（Santa Fe）召开了审计/保证会议，这次会议注意到了对审计和其他鉴证服务需求的下降，以及用户对鉴证业务的范围和效用方面的不满，并决定开发一项广阔的计划，重塑鉴证业务的未来，以增进其价值。为此，AICPA于1994年正式成立了以毕马威（KPMG）合伙人Robert K. Elliott为主席的临时性机构“鉴证业务特别委员会”（SCAS，通称为Elliott委员会）。1996年底，该委员会通过网站发布了翔实的报告（通称Elliott报告）。1997年，AICPA成立了一个永久性的机构“鉴证业务执行委员会”（ASEC），Ronald S. Cohen，Robert L. Bunting，Susan C. Rucker等先后担任主席，现任主席为KPMG合伙人Thomas E. Wallance。值得特别提到的是，美国注册会计师职业界于 1998 年发布的《CPA 远景报告：2011 年及以后》在展望未来的五大核心服务领域时，“保证与信息真实性”服务位列第一。

加拿大特许会计师协会（CICA）于 1995 年 8 月组建了以 KPMG 合伙人 Axel N. Thesberg 为主席的“鉴证业务工作组”（TFAS），旨在开发和实施一项拓展保证业务的计划，并确保注册会计师（CA）在保证领域的优势。TFAS 于 1995 年 12 月、1997 年 6 月分别向 CICA 管理委员会（BOG）提交了一份中期报告，1998 年 1 月发表了最终报告。CICA 根据最终报告的建议成立了“鉴证业务发展委员会”（ASDB），主席为德勤（Deloitte & Touche）合伙人 John W. Beech，现任主席为安永（Ernst & Young）合伙人 Doug McPhie。

AICPA 和 CICA 之间就鉴证业务的研究，尤其是新鉴证业务产品的开发方面进行了密切的合作。AICPA 和 CICA 合作开发的鉴证业务领域包括：风险评估（risk assessment）、业绩计量（performance measurement）、系统质量（systems quality）、电子商务（E－Commerce）、养老（eldercare）。尤其是针对电子商务鉴证业务产品网誉认证（WebTrust）和信息系统可靠性鉴证业务产品系统认证（SysTrust），AICPA 和 CICA 联合开发了一系列原则与标准。

澳大利亚注册会计师协会（ASCPA）与澳大利亚特许会计师协会（ICAA）于 1997 年成立了以安永合伙人 Stuart Alford 为主席的鉴证业务联合工作组（JASTF）。JASTF 于当年 12 月发布了一份报告，讨论了未来发展的一些关键问题，并提议成立研究与创新委员会（RIB）。RIB 于 1998 年 7 月成立，直至 1999 年 4 月 ASCPA 宣布退出。1999 年 6 月，澳大利亚会计研究基金会管理委员会宣布将审计准则委员会（ASB）更名为审计和保证准则委员会（AuASB）。

国际会计师联合会（IFAC）下属的审计实务委员会（IAPC）于 1997 年 8 月发布了一份名为“信息可靠性报告”的征求意见稿，得到了积极回应。IAPC 在进行重大修改之后，于 1999 年 3 月以“保证业务”为名重新发布了征求意见稿，并最终于2000年6月正式发布了《保证业务国际准则》，为保证业务提供了总体框架，并针对高度保证业务规定了基本原则和主要程序。2002年，IAASB重新划分CPA的业务类型，并将IASE100分拆为《鉴证业务的国际框架》和ISAE2000《鉴证对象为历史财务信息之外的鉴证业务》。2003年，IAASB发布上述两个文件的征求意见稿，建议取代ISAE100《鉴证业务》并废止ISA120《审计准则的国际框架》。2005年1月，IFAC正式发布了ISAE3000《除历史财务信息审计和审阅之外的鉴证业务》。

应该说，致力于鉴证业务的研究与开发的初衷是着眼于注册会计师行业的未来发展。进入20世纪90年代以后，传统的财务报表审计已经成为一个相对成熟的服务产品，社会期望甚高，同业竞争激烈，诉讼风险加大，迫使注册会计师行业另辟蹊径，在咨询和鉴证方面进行拓展。市场对提高信息质量方面的显著需求和注册会计师自身的能力，很自然地促使注册会计师鉴证类专业服务在完成由审计到鉴证的过渡之后，很快又开始向鉴证业务跨越，并将其作为行业发展的远景方向。实际上，促使AICPA开展相关研究与开发的是1993年的审计/保证会议对未来服务的探索和展望；CICA开展相关努力的一个重要背景是其通过研究草拟的一份“远景报告”（Vision Report）；英格兰和威尔士特许会计师协会（ICAEW）的一份展望报告《增值职业：2005年的特许会计师》也勾画了未来鉴证业务的蓝图。

美国鉴证业务特别委员会委员William Kinney教授在1998年的一次关于鉴证业务的研讨会上一针见血地指出：会计行业成立鉴证业务特别委员会的根本动机只有一个——生存。Robert Elliott在该委员会成立（1994年）致辞中谈到，美国在过去的7年中，来自证书鉴证业务（传统审计）的收入停滞在70亿美元。他预测到2000年传统审计的总收入仍然只会接近这个水平，而来自其他鉴证业务的收入将增加到210亿美元（其中相当大的一部分目前被其他行业所赚取）。

当然，变化的环境也是鉴证业务拓展和演进的重要原因。信息技术的发展降低了对历史性信息以及查找和纠正差错的需求，也使得大规模、高速度地处理信息成为可能，但同时却加大了对信息质量和侦查舞弊的需求，以及对企业持续经营的关注。Elliott 报告将变化的环境概括为 7 个方面：信息技术的变革；对受托责任（accountability）的更大的需求；资本提供者构成的变化；人口年龄分布的变化；组织结构的变化；供应商、客户和资本市场的全球化；教育。Elliott 正是以此为背景提出了一个新的鉴证业务架构。

三、鉴证业务的定义、要素和分类

（一）鉴证业务的定义

鉴证业务是指注册会计师对鉴证对象信息提出结论，以增强除责任方之外的预期使用者对鉴证对象信息的信任程度的业务。

上述定义可从以下几个方面加以理解：

（1）鉴证业务的用户是“预期使用者”，即鉴证业务可以用来有效地满足预期使用者的需求；

（2）鉴证业务的目的是改善信息的质量或内涵，增强除责任方之外的预期使用者对鉴证对象信息的信任程度，即以适当保证或提高鉴证对象信息的质量为主要目的，而不涉及如何利用信息提供建议；

（3）鉴证业务的基础是独立性和专业性，通常由具备专业胜任能力和独立性的注册会计师来执行，注册会计师应当独立于责任方和预期使用者；

（4）鉴证业务的“产品”是鉴证结论，注册会计师应当对鉴证对象信息提出结论，该结论应当以书面报告的形式予以传达。

（二）鉴证业务的基本要素

1. 鉴证业务的三方关系

鉴证业务涉及的三方关系人包括注册会计师、责任方和预期使用者。责任方与预期使用者可能是同一方，也可能不是同一方。

是否存在三方关系人是判断某项业务是否属于鉴证业务的重要标准之一。如果某项业务不存在除责任方之外的其他预期使用者，那么该业务不构成一项鉴证业务。

鉴证业务还会涉及委托人，但委托人不是单独存在的一方，委托人通常是预期使用者之一，委托人也可能由责任方担任。

（1）注册会计师

注册会计师，是指取得注册会计师证书并在会计师事务所执业的人员，有时也指其所在的会计师事务所。如果鉴证业务涉及的特殊知识和技能超出了注册会计师的能力，注册会计师可以利用专家协助执行鉴证业务。在这种情况下，注册会计师应当确信包括专家在内的项目组整体已具备执行该项鉴证业务所需的知识和技能，并充分参与该项鉴证业务和了解专家所承担的工作。

（2）责任方

在直接报告业务中，责任方是指对鉴证对象负责的组织或人员。例如，在系统鉴证业务中，注册会计师直接对系统的有效性进行评价并出具鉴证报告，该业务的鉴证对象是被鉴证单位系统的有效性，责任方是对该系统负责的组织或人员，即被鉴证单位的管理层。

在基于责任方认定的业务中，责任方是指对鉴证对象信息负责并可能同时对鉴证对象负责的组织或人员。例如，企业聘请注册会计师对企业管理层编制的持续经营报告进行鉴证。在该业务中，鉴证对象信息为持续经营报告，由该企业的管理层负责，企业管理层为责任方。该业务的鉴证对象为企业的持续经营状况，它同样由企业的管理层负责。

责任方可能是鉴证业务的委托人，也可能不是委托人。

注册会计师通常提请责任方提供书面声明，表明责任方已按照既定标准对鉴证对象进行评价或计量，无论该声明是否能为预期使用者获取。

（3）预期使用者

预期使用者是指预期使用鉴证报告的组织或人员。责任方可能是预期使用者，但不是唯一的预期使用者。

注册会计师可能无法识别使用鉴证报告的所有组织和人员，尤其在各种可能的预期使用者对鉴证对象存在不同的利益需求时。此时，预期使用者主要是指那些与鉴证对象有重要和共同利益的主要利益相关者，例如，在上市公司财务报表审计中，预期使用者主要是指上市公司的股东。注册会计师应当根据法律法规的规定或与委托人签订的协议识别预期使用者。

2. 鉴证对象与鉴证对象信息

（1）鉴证对象与鉴证对象信息的形式

在注册会计师提供的鉴证业务中，存在多种不同类型的鉴证对象。相应地，鉴证对象信息也具有多种不同的形式，主要包括：

①当鉴证对象为财务业绩或状况时（如历史或预测的财务状况、经营成果和现金流量），鉴证对象信息是财务报表；

②当鉴证对象为非财务业绩或状况时（如企业的运营情况），鉴证对象信息可能是反映效率或效果的关键指标；

③当鉴证对象为物理特征时（如设备的生产能力），鉴证对象信息可能是有关鉴证对象物理特征的说明文件；

④当鉴证对象为某种系统和过程时（如企业的内部控制或信息技术系统），鉴证对象信息可能是关于其有效性的认定；

⑤当鉴证对象为一种行为时（如遵守法律法规的情况），鉴证对象信息可能是对法律法规遵守情况或执行效果的声明。

鉴证对象信息是按照标准对鉴证对象进行评价和计量的结果，比如责任方按照会计准则和相关会计制度（标准）对其财务状况、经营成果和现金流量（鉴证对象）进行确认、计量和列报（包括披露，下同）而形成的财务报表（鉴证对象信息）。

鉴证对象信息应当恰当反映既定标准运用于鉴证对象的情况。如果没有按照既定标准恰当反映鉴证对象的情况，鉴证对象信息可能存在错报，而且可能存在重大错报。

（2）鉴证对象的特征

鉴证对象具有不同的特征，可能表现为定性或定量、客观或主观、历史或预测、时点或期间。这些特征将对以下两个方面产生影响：

①按照标准对鉴证对象进行评价或计量的准确性；

②证据的说服力。

3. 适当的鉴证对象应当具备的条件

鉴证对象是否适当是注册会计师能否将一项业务作为鉴证业务予以承接的前提条件。适当的鉴证对象应当同时具备下列条件：

（1）鉴证对象可以识别；

（2）不同的组织或人员对鉴证对象按照既定标准进行评价或计量的结果合理一致；

（3）注册会计师能够收集与鉴证对象有关的信息，获取充分、适当的证据，以支持其提出适当的鉴证结论。

不适当的鉴证对象可能会误导预期使用者。如果注册会计师在承接业务后发现鉴证对象不适当，应当视其重大与广泛程度，出具保留结论或否定结论的报告。

不适当的鉴证对象还可能造成工作范围受到限制。如果注册会计师在承接业务后发现鉴证对象不适当，应当视受到限制的重大与广泛程度，出具保留结论或无法提出结论的报告。

在适当的情况下，注册会计师可以考虑解除业务约定。

（三）标准

1. 标准的含义与类型

标准是指用于评价或计量鉴证对象的基准，当涉及列报时，还包括列报（包括披露）的基准。

标准可以是正式的规定，如编制财务报表所使用的会计准则和相关会计制度；也可以是某些非正式的规定，如单位内部制定的行为准则或确定的绩效水平。

正式的规定通常是一些“既定的”标准，是由法律法规规定的，或是由政府主管部门或国家认可的专业团体依照公开、适当的程序发布的。例如，编制财务报表时，其标准是权威机构发布的会计准则和相关会计制度；编制内部控制报告时，标准可能是已确立的内部控制规范或指引；编制遵循性报告时，标准可能是适用的法律、法规。

非正式的规定通常是一些“专门制定的”标准，是针对具体的业务项目“量身定做”的，包括企业内部制定的行为准则、确定的绩效水平或商定的行为要求等。

标准的类型不同，注册会计师在评价标准是否适合于具体的鉴证业务时，所关注的重点也不同。

2. 适当的标准应当具备的特征

适当的标准应当具备下列所有特征：

（1）相关性：相关的标准有助于得出结论，便于预期使用者做出决策；

（2）完整性：完整的标准不应忽略业务环境中可能影响得出结论的相关因素，当涉及列报时，还包括列报的基准；

（3）可靠性：可靠的标准能够使能力相近的注册会计师在相似的业务环境中，对鉴证对象做出合理一致的评价或计量；

（4）中立性：中立的标准有助于得出无偏向的结论；

（5）可理解性：可理解的标准有助于得出清晰、易于理解、不会产生重大歧义的结论。

注册会计师基于自身的预期、判断和个人经验对鉴证对象进行的评价和计量，不构成适当的标准。

注册会计师应当考虑运用于具体业务的标准是否具备上述的特征，以评价该标准对此项业务的适用性。在具体鉴证业务中，注册会计师评价标准各项特征的相对重要程度需要运用职业判断。

3. 预期使用者获取标准的方式

标准应当能够为预期使用者获取，以使预期使用者了解鉴证对象的评价或计量过程。标准可以通过下列方式供预期使用者获取：

（1）公开发布；

（2）在陈述鉴证对象信息时以明确的方式表述；

（3）在鉴证报告中以明确的方式表述；

（4）常识理解，如计量时间的标准是小时或分钟。

如果确定的标准仅能为特定的预期使用者获取，或仅与特定目的相关，鉴证报告的使用也应限于这些特定的预期使用者或特定目的。

（四）证据

1. 获取证据的要求

注册会计师应当以职业怀疑态度计划和执行鉴证业务，获取有关鉴证对象信息是否不存在重大错报的充分、适当的证据。

注册会计师应当及时对制订的计划、实施的程序、获取的相关证据以及得出的结论做出记录。

注册会计师在计划和执行鉴证业务，尤其在确定证据收集程序的性质、时间安排和范围时，应当考虑重要性、鉴证业务风险以及可获取证据的数量和质量。

职业怀疑态度是指注册会计师以质疑的思维方式评价所获取证据的有效性，并对相互矛盾的证据，以及引起对文件记录或责任方提供的信息的可靠性产生怀疑的证据保持警觉。

2. 证据的充分性和适当性

证据的充分性是对证据数量的衡量，主要与注册会计师确定的样本量有关。所需证据的数量受鉴证对象信息重大错报风险的影响，即风险越大，可能需要的证据数量越多；所需证据的数量也受证据质量的影响，即证据质量越高，可能需要的证据数量越少。

证据的适当性是对证据质量的衡量，即证据的相关性和可靠性。

在考虑证据的相关性时，注册会计师应当能够认识到：

（1）特定的程序可能只为某些认定提供相关的证据，而与其他认定无关；

（2）针对同一项认定，可以从不同来源获取证据或获取不同性质的证据；

（3）只与特定认定相关的证据并不能替代与其他认定相关的证据。证据的可靠性受其来源和性质的影响，并取决于获取证据的具体环境。

注册会计师通常按照下列原则考虑证据的可靠性：

（1）从外部独立来源获取的证据比从其他来源获取的证据更可靠；

（2）内部控制有效时内部生成的证据比内部控制薄弱时内部生成的证据更可靠；

（3）直接获取的证据（如观察控制活动的实施）比间接获取或推论（如询问控制活动的实施）得出的证据更可靠；

（4）以文件记录形式（无论是纸质、电子或其他介质）存在的证据比口头形式的证据更可靠；

（5）从原件获取的证据比从传真或复印件获取的证据更可靠。

如果针对某项认定从不同来源获取的证据或获取的不同性质的证据能够相互印证，与该项认定相关的证据通常具有更强的说服力。例如，从企业外部独立来源获取的信息可以增强注册会计师对责任方提供认定的信任程度。相反，如果从不同来源获取的证据或获取的不同性质的证据不一致，则可能表明某项证据不可靠，注册会计师应当追加必要的程序予以解决。

注册会计师可以考虑获取证据的成本与所获取信息有用性之间的关系，但不应仅以获取证据的困难和成本为由减少不可替代的程序。在评价证据的充分性和适当性以支持鉴证报告时，注册会计师应当运用职业判断，并保持职业怀疑态度。

3. 重要性

在确定证据收集程序的性质、时间安排和范围，评估鉴证对象信息是否不存在错报时，注册会计师应当考虑重要性。

所谓重要性，是指鉴证对象信息中存在错报的严重程度。重要性取决于在具体环境下对错报金额和性质的判断。如果一项错报单独或连同其他错报可能影响预期使用者依据鉴证对象信息做出的经济决策，则该项错报是重大的。

重要性包括数量和性质两方面的因素。注册会计师应当综合数量和性质因素考虑重要性。在具体业务中评估重要性以及数量和性质因素的相对重要程度，需要注册会计师运用职业判断。

重要性与鉴证业务风险之间存在直接的关系，这种关系是一种反向的关系。重要性水平越高，鉴证业务风险越低；重要性水平越低，鉴证业务风险越高。注册会计师在确定证据收集程序的性质、时间安排和范围，评估鉴证对象信息是否不存在错报时，应当考虑这种反向关系。

4. 鉴证业务风险

鉴证业务风险是指在鉴证对象信息存在重大错报的情况下，注册会计师提出不恰当结论的可能性。

在直接报告业务中，鉴证对象信息仅体现在注册会计师的结论中，鉴证业务风险包括注册会计师不恰当地提出鉴证对象在所有重大方面遵守标准的结论的可能性。

应当说明的是，鉴证业务风险并不包含下面这种情况，即鉴证对象信息不含有重大错报，而注册会计师错误地发表了鉴证对象信息含有重大错报的结论的风险。

鉴证业务风险通常体现为重大错报风险和检查风险。重大错报风险是指鉴证对象信息在鉴证前存在重大错报的可能性。检查风险是指某一鉴证对象信息存在错报，该错报单独或连同其他错报是重大的，但注册会计师未能发现这种错报的可能性。

注册会计师对重大错报风险和检查风险的考虑受具体业务环境的影响，特别受鉴证对象性质，以及所执行的是合理保证鉴证业务还是有限保证鉴证业务的影响。

不同保证程度的鉴证业务，要求注册会计师将鉴证业务风险降至不同的水平。合理保证的保证程度高于有限保证的保证程度，因此，注册会计师在合理保证鉴证业务中可接受的风险水平要低于有限保证鉴证业务中可接受的风险水平。

5. 证据收集程序的性质、时间安排和范围

证据收集程序的性质、时间安排和范围因具体业务的不同而不同。从理论上说，即便是针对同一项业务或同一个认定，也可能存在多种不同的证据收集程序。注册会计师应当清楚表达证据收集程序，并以适当的形式运用于合理保证的鉴证业务和有限保证的鉴证业务。

合理保证的鉴证业务和有限保证的鉴证业务都需要运用鉴证技术和方法，收集充分、适当的证据。与合理保证的鉴证业务相比，有限保证的鉴证业务在证据收集程序的性质、时间安排、范围等方面是有意识地加以限制的。例如，财务报表审阅业务是一项有限保证的鉴证业务，在该业务中，注册会计师主要通过询问和分析程序来获取充分、适当的证据。

无论是合理保证还是有限保证的鉴证业务，如果注意到某事项可能导致对鉴证对象信息是否需要做出重大修改产生疑问，注册会计师应当执行其他足够的程序，追踪这一事项，以支持鉴证结论。

合理保证是一个有关注册会计师收集必要的证据以便对鉴证对象信息整体提出结论的概念。在合理保证的鉴证业务中，为了能够以积极方式提出结论，注册会计师应当通过下列不断修正的、系统化的执业过程，获取充分、适当的证据：

（1）了解鉴证对象及其他的业务环境事项，在适用的情况下包括了解内部控制；

（2）在了解鉴证对象及其他的业务环境事项的基础上，评估鉴证对象信息可能存在的重大错报风险；

（3）应对评估的风险，包括制定总体应对措施以及确定进一步程序的性质、时间安排和范围；

（4）针对已识别的风险实施进一步程序，包括实施实质性程序，

以及在必要时测试控制运行的有效性；

（5）评价证据的充分性和适当性。

6. 记录

注册会计师应当记录重大事项，以提供证据支持鉴证报告，并证明其已按照鉴证业务准则的规定执行业务。至于某一事项是否属于重大事项，需要注册会计师根据具体情况进行判断。重大事项通常包括：

（1）引起特别风险的事项；

（2）实施鉴证程序的结果，该结果表明鉴证对象信息可能存在重大错报，或需要修正以前对重大错报风险的评估和针对这些风险拟采取的应对措施；

（3）导致注册会计师难以实施必要程序的情形；

（4）导致提出非保留结论的事项。

对需要运用职业判断的所有重大事项，注册会计师应当记录推理过程和相关结论。如果对某些事项难以进行判断，注册会计师还应当记录得出结论时已知悉的有关事实。

注册会计师应当将鉴证过程中考虑的所有重大事项记录于工作底稿。

在运用职业判断确定工作底稿的编制和保存范围时，注册会计师应当考虑，使未曾接触该项鉴证业务的有经验的专业人士了解实施的鉴证程序，以及做出重大决策的依据。

（五）鉴证报告

1. 出具鉴证报告的总体要求

注册会计师应当出具含有鉴证结论的书面报告，该鉴证结论应当说明注册会计师就鉴证对象信息获取的保证。

注册会计师应当考虑其他报告责任，包括在适当时与治理层沟通。

2. 鉴证结论的两种表述形式

在基于责任方认定的业务中，注册会计师的鉴证结论可以采用下列两种表述形式：

（1）明确提及责任方认定，如“我们认为，责任方做出的‘根据×标准，内部控制在所有重大方面是有效的’这一认定是公允的”。

（2）直接提及鉴证对象和标准，如“我们认为，根据×标准，内部控制在所有重大方面是有效的”。

在直接报告业务中，注册会计师应当明确提及鉴证对象和标准。

3. 提出鉴证结论的积极方式和消极方式

在合理保证的鉴证业务中，注册会计师应当以积极方式提出结论，如“我们认为，根据×标准，内部控制在所有重大方面是有效的”或“我们认为，责任方做出的‘根据×标准，内部控制在所有重大方面是有效的’这一认定是公允的”。

在有限保证的鉴证业务中，注册会计师应当以消极方式提出结论，如“基于本报告所述的工作，我们没有注意到任何事项使我们相信，根据×标准，×系统在任何重大方面是无效的”或“基于本报告所述的工作，我们没有注意到任何事项使我们相信，责任方做出的‘根据×标准，×系统在所有重大方面是有效的’这一认定是不公允的”。

4. 注册会计师不能出具无保留结论报告的情况

（1）工作范围受到限制

工作范围受到限制可能导致注册会计师无法获取必要的证据以便将鉴证业务风险降至适当水平。对任何类型的鉴证业务，如果注册会计师的工作范围受到限制，注册会计师应当视受到限制的重大与广泛程度，出具保留结论或无法提出结论的报告。在某些情况下，注册会计师应当考虑解除业务约定。

（2）责任方认定未在所有重大方面做出公允表达

如果注册会计师的结论提及责任方的认定，且该认定未在所有重大方面做出公允表达，注册会计师应当视其影响的重大与广泛程度，出具保留结论或否定结论的报告。

（3）鉴证对象信息存在重大错报

如果注册会计师的结论直接提及鉴证对象和标准，且鉴证对象信息存在重大错报，注册会计师应当视其影响的重大与广泛程度，出具保留结论或否定结论的报告。

（4）标准或鉴证对象不适当

标准或鉴证对象不适当可能会误导预期使用者。在承接业务后，如果发现标准或鉴证对象不适当，可能误导预期使用者，注册会计师应当视其重大与广泛程度，出具保留结论或否定结论的报告。

标准或鉴证对象不适当还可能造成注册会计师的工作范围受到限制。在承接业务后，如果发现标准或鉴证对象不适当，造成工作范围受到限制，注册会计师应当视受到限制的重大与广泛程度，出具保留结论或无法提出结论的报告。

在某些情况下，注册会计师应当考虑解除业务约定。

四、鉴证业务的种类

（一）基于责任方认定的业务和直接报告业务①

按照鉴证对象信息是否以责任方认定的形式为预期使用者所获取，可将鉴证业务分为基于责任方认定的业务和直接报告业务。

在基于责任方认定的业务中，责任方对鉴证对象进行评价或计量，鉴证对象信息以责任方认定的形式为预期使用者获取。如在财务报表审计中，被审计单位管理层（责任方）对财务状况、经营成果和现金流量（鉴证对象）进行确认、计量和列报（评价或计量）而形成的财务报表（鉴证对象信息）即为责任方的认定，该财务报表可为预期使用者获取，注册会计师针对财务报表出具审计报告。这种业务属于基于责任方认定的业务。

在直接报告业务中，注册会计师直接对鉴证对象进行评价或计量，或者从责任方获取对鉴证对象评价或计量的认定，而该认定无法为预期使用者获取，预期使用者只能通过阅读鉴证报告获取鉴证对象信息。

---

① 刘明辉，胡波．两类鉴证业务之辨析：基于责任方认定的业务与直接报告业务［J］．中国注册会计师，2006（6）．

如在内部控制鉴证业务中，注册会计师可能无法从管理层（责任方）获取其对内部控制有效性的评价报告（责任方认定），或虽然注册会计师能够获取该报告，但预期使用者无法获取该报告，注册会计师直接对内部控制的有效性（鉴证对象）进行评价并出具鉴证报告，预期使用者只能通过阅读该鉴证报告获得内部控制有效性的信息（鉴证对象信息）。这种业务属于直接报告业务。

基于责任方认定的业务和直接报告业务的区别主要表现在以下四个方面：

（1）预期使用者获取鉴证对象信息的方式不同。在基于责任方认定的业务中，预期使用者可以直接获取鉴证对象信息（责任方认定）。在直接报告业务中，可能不存在责任方认定，即便存在，该认定也无法为预期使用者所获取。预期使用者只能通过阅读鉴证报告获取有关的鉴证对象信息。

（2）注册会计师提出结论的对象不同。在基于责任方认定的业务中，注册会计师提出结论的对象可能是责任方认定，也可能是鉴证对象。在直接报告业务中，无论责任方认定是否存在、注册会计师能否获取该认定，注册会计师在鉴证报告中都将直接对鉴证对象提出结论。

（3）责任方的责任不同。在基于责任方认定的业务中，责任方对鉴证对象信息负责，可能同时也要对鉴证对象负责。在直接报告业务中，责任方仅对鉴证对象负责。

（4）鉴证报告的内容和格式不同。在基于责任方认定的业务中，鉴证报告的引言段通常会提供责任方认定的相关信息，进而说明其所执行的鉴证程序并提出鉴证结论。在直接报告业务中，注册会计师直接说明鉴证对象、执行的鉴证程序并提出鉴证结论。

（二）合理保证的鉴证业务与有限保证的鉴证业务①

按照鉴证业务的保证程度，可将鉴证业务分为合理保证的鉴证业

① 刘明辉，徐正刚．注册会计师鉴证业务中的保证概念［J］．财务与会计，2006（6）．

务和有限保证的鉴证业务。

合理保证的鉴证业务的目标是注册会计师将鉴证业务风险降至该业务环境下可接受的低水平，以此作为以积极方式提出结论的基础。如在历史财务信息审计中，要求注册会计师将审计风险降至该业务环境下可接受的低水平，对审计后的历史财务信息提供高水平保证（合理保证），在审计报告中对历史财务信息采用积极方式提出结论。这种业务属于合理保证的鉴证业务。

有限保证的鉴证业务的目标是注册会计师将鉴证业务风险降至该业务环境下可接受的水平，以此作为以消极方式提出结论的基础。如在历史财务信息审阅中，要求注册会计师将审阅风险降至该业务环境下可接受的水平（高于历史财务信息审计中可接受的低水平），对审阅后的历史财务信息提供低于高水平的保证（有限保证），在审阅报告中对历史财务信息采用消极方式提出结论。这种业务属于有限保证的鉴证业务。

合理保证的鉴证业务和有限保证的鉴证业务的区别主要表现在以下六个方面：

1. 目标不同

合理保证的目标是将鉴证业务风险降至具体业务环境下可接受的低水平，以此作为以积极方式提出结论的基础，并对鉴证后的信息提供高水平的保证。有限保证的目标是将鉴证业务风险降至具体业务环境下可接受的水平，以此作为以消极方式提出结论的基础，并对鉴证后的信息提供低于高水平的保证。但该保证水平应当是一种有意义的保证水平，即能够在一定程度上增强预期使用者对鉴证对象信息的信任。

2. 证据的收集程序不同

在合理保证的鉴证业务中，为了能够以积极方式提出结论，注册会计师应当通过一个不断修正的、系统化的执业过程，获取充分、适当的证据。与合理保证的鉴证业务相比，有限保证的鉴证业务在证据收集程序的性质、时间、范围等方面是有意识地加以限制的，主要采用询问和分析程序获取证据。

3. 所需证据的数量和质量不同

注册会计师需要获取充分适当的证据作为其对鉴证对象提供某种水平保证的基础。相对于有限保证的鉴证业务而言，合理保证的鉴证业务提供的保证程度相对较高，相应地，对证据数量和质量的要求也就更为严格。

4. 鉴证业务风险不同

鉴证业务风险通常体现为重大错报风险和检查风险。在重大错报风险一致的情况下，鉴证业务风险主要取决于检查风险。而检查风险的高低取决于注册会计师所实施的证据收集程序的性质、时间安排和范围。由于有限保证的鉴证业务的证据收集程序在上述方面受到有意识的限制，因此，其检查风险高于合理保证的鉴证业务。相应地，有限保证的鉴证业务的风险水平高于合理保证的鉴证业务的风险水平。

5. 鉴证对象信息的可信性不同

与有限保证的鉴证业务相比，注册会计师在合理保证的鉴证业务中实施的证据收集程序更为系统和全面，收集的证据更充分，提供的保证水平更高，相应地，鉴证后的鉴证对象信息也更为可信。

6. 提出结论的方式不同

合理保证和有限保证提供的保证水平不同，鉴证后鉴证对象信息的可信性也不同，为了使预期使用者能够清楚地了解两者的区别，两者提出结论的方式也不同。合理保证的鉴证业务要求注册会计师以积极方式提出结论，有限保证的鉴证业务要求注册会计师以消极方式提出结论。

应当指出的是，对某项具体鉴证业务而言，其保证水平一般都是事先约定好的，而不是根据注册会计师的工作执行情况再确定的。当然，如果业务环境变化影响到预期使用者的需求，或预期使用者对该项业务的性质存在误解时，注册会计师也可以应委托人的要求，考虑同意变更业务的保证水平。实务工作中，保证水平的确定取决于法律法规和执业准则的要求，以及注册会计师的职业判断。

正确理解鉴证业务准则中的保证概念，首先要将它们与“绝对保证”的概念做一区分。这里，对绝对保证、合理保证和有限保证做一界定是有必要的。绝对保证是指注册会计师对鉴证对象信息整体不存在重大错报提供百分之百的保证。合理保证是一个与积累必要的证据相关的概念，它要求注册会计师通过不断修正的、系统的执业过程，获取充分、适当的证据，对鉴证对象信息整体提出结论，提供一种高水平但非百分之百的保证。与合理保证相比，有限保证在证据收集程序的性质、时间、范围等方面受到有意识的限制，它提供的是一种适度水平的保证。可以看出，三者提供的保证水平逐次递减。前文已经区分过合理保证与有限保证，因此，这里关键是要区分绝对保证与合理保证。正确理解合理保证与绝对保证的关系，有助于减轻注册会计师承担不必要的责任的风险。

由于下列因素的存在，将鉴证业务风险降至零几乎不可能，也不符合成本效益原则。

1. 选择性测试方法的运用

注册会计师要在合理的时间内以合理的成本完成鉴证任务，通常只能采用选取特定项目和抽样等选择性测试的方法对被鉴证单位的信息进行检查。选取特定项目实施鉴证程序的结果不能推断至总体；抽样也可能产生误差。在采用这两种方法的情况下，注册会计师不能百分之百地保证鉴证对象信息不存在重大错报。

2. 内部控制的固有局限性

例如，决策时的人为判断可能出现错误和由于人为失误而导致内部控制失效；内部控制可能由于两个或更多的人员进行串通或管理层凌驾于内部控制之上，而使内部控制被规避。小型企业拥有的员工通常较少，限制了其职责分离的程度，业主凌驾于内部控制之上的可能性更大。

3. 大多数证据是说服性而非结论性的

证据的性质决定了注册会计师依靠的并非是完全可靠的证据。不同类型的证据，其可靠程度存在差异，即使是可靠程度最高的证据也有其自身的缺陷。例如，对应收账款进行函证，虽然提供的证据相对比较可靠，但受到被询证者是否认真对待询证函、是否能够保持独立性和客观性、是否熟悉所函证事项等诸多因素的影响。尽管注册会计师在设计询证函时要考虑这些因素，但是很难百分之百地保证函证结果的可靠性。

4. 在获取和评价证据以及由此得出结论时涉及大量判断

在获取证据时，注册会计师可以选择获取何种类型和何种来源的证据；获取证据之后，注册会计师要依据职业判断，对其充分性和适当性进行评价；最后依据证据得出结论时，更是离不开注册会计师的职业判断。

5. 在某些情况下鉴证对象具有特殊性

例如，鉴证对象是矿产资源的储量、艺术品的价值、计算机软件开发的进度等。

（三）审计、审阅与其他鉴证业务

按照鉴证对象信息和保证程度的不同，可将鉴证业务分为历史财务信息审计、历史财务信息审阅和其他鉴证业务。

历史财务信息审计是指鉴证对象信息为历史财务信息的合理保证鉴证业务。在历史财务信息审计业务中，注册会计师作为独立第三方，运用专业知识、技能和经验对历史财务信息进行审计并以积极方式发表专业意见，旨在提高财务报表的可信赖程度。财务报表审计业务就是一种典型的历史财务信息审计业务。财务报表审计的目标是注册会计师通过执行审计工作，对财务报表的下列方面发表审计意见：

（1）财务报表是否按照适用的会计准则和相关会计制度的规定编制；

（2）财务报表是否在所有重大方面公允反映被审计单位的财务状况、经营成果和现金流量。由于审计存在固有限制，审计工作不能对财务报表整体不存在重大错报提供绝对保证。

历史财务信息审阅是指鉴证对象信息为历史财务信息的有限保证鉴证业务。在历史财务信息审阅业务中，注册会计师作为独立第三方，运用专业知识、技能和经验对历史财务信息进行审阅并以消极方式发表专业意见，旨在提高财务报表的可信赖程度。传统的财务报表审阅业务就是一种典型的历史财务信息审阅业务。财务报表审阅的目标，是注册会计师在实施审阅程序的基础上，说明是否注意到某些事项，使其相信财务报表没有按照适用的会计准则和相关会计制度的规定编制，未能在所有重大方面公允反映被审阅单位的财务状况、经营成果和现金流量。在财务报表审阅业务中，要求注册会计师将审阅风险降至该业务环境下可接受的水平（高于财务报表审计中可接受的低水平），对审阅后的财务报表提供低于高水平的保证（即有限保证），在审阅报告中对财务报表采用消极方式提出结论。

其他鉴证业务是指除历史财务信息审计和审阅业务以外的鉴证业务，如预测性财务信息审核、内部控制审核、风险管理鉴证、网域认证等。其他鉴证业务的保证程度分为合理保证和有限保证。有限保证的其他鉴证业务的风险水平高于合理保证的其他鉴证业务的风险水平。

五、鉴证业务与相关服务的区别

相关服务，是相对于鉴证业务而言的，是指那些由注册会计师提供的、除了鉴证业务以外的其他服务，主要包括：

1. 对财务信息执行商定程序

对财务信息执行商定程序的目标是注册会计师对特定财务数据、单一财务报表或整套财务报表等财务信息执行与特定主体商定的具有审计性质的程序，并就执行的商定程序及其结果出具报告。

注册会计师执行商定程序业务，仅报告执行的商定程序及其结果，并不提出鉴证结论。报告使用者自行对注册会计师执行的商定程序及其结果做出评价，并根据注册会计师的工作得出自己的结论。

2. 代编业务

代编业务的目标是注册会计师运用会计而非审计的专业知识和技能，代客户编制一套完整或非完整的财务报表，或代为收集、分类和汇总其他财务信息。

注册会计师执行代编业务使用的程序并不旨在、也不能对财务信息提出任何鉴证结论。

3. 税务服务

会计师事务所的客户需要缴纳中央政府和地方政府规定的各种税收。会计师事务所的税务部门协助填写纳税申报单，提供有关税务筹划和财产转移计划方面的建议，代表客户接受税务部门和法庭有关纳税问题的质询。

4. 咨询服务

咨询服务是针对企业的组织、人事、财务、经营、体制以及其他活动提供建议和帮助的一种咨询活动。许多会计师事务所内部都设有独立的部门来提供这类服务，例如小企业咨询、管理信息系统设计、法律援助服务、保险精算/养老金服务。由于提供的服务性质各异，因此管理咨询服务部门的成员不仅有注册会计师，还有其他行业的专家。近年来，会计师事务所的管理咨询服务增长迅猛。由于独立性以及其他一些原因，许多大型事务所都已经将其咨询业务与鉴证业务予以分离。

与鉴证业务相比，咨询具有以下三个基本特征：

（1）咨询服务以信息的使用为主要目标，而不涉及信息质量，也不对咨询业务所使用的信息加以保证。

（2）咨询服务一般是咨询服务的提供者与客户之间的两方契约。

（3）专业性是咨询服务的基础。

注册会计师提供的专业服务包括鉴证业务和相关服务，两者的区别主要体现在以下几个方面：

（1）业务涉及的关系人不同。相关服务通常只涉及两方关系人，即客户和提供相关服务的注册会计师；而鉴证业务通常涉及三方关系人，即责任方、预期使用者及提供鉴证业务的注册会计师。

（2）业务关注的焦点不同。相关服务关注的焦点主要是信息的生成、编制或对如何利用信息做出决策提供建议；而鉴证业务关注的焦点是适当保证和提高鉴证对象信息的质量，通常不涉及信息的利用。

（3）工作结果不同。相关服务的工作结果不对信息提供可信性保证；而鉴证业务的工作结果是注册会计师以书面形式提出结论，该结论能对鉴证对象信息提供某种程度的可信性保证。

（4）独立性要求不同。相关服务通常不对提供服务的注册会计师提出独立性要求；而鉴证业务要求注册会计师必须独立于鉴证业务中的其他两方。

注册会计师在确定某项业务是适合作为鉴证业务还是适合作为相关服务时，应当根据执业准则的要求，着重考虑客户寻求服务的目的。如果客户的要求只涉及信息的编制和利用或就某一事项寻求建议或意见，那么注册会计师将此业务作为相关服务是恰当的。但是，如果客户需要注册会计师对特定事项以书面报告的形式提供保证，则此业务应当作为鉴证业务。

第二节　审计中的重要概念

一、审计工作流程概述

概括来看，审计工作流程通常包括计划审计工作、实施审计、完成审计三个阶段。这三个阶段在时间上是继起的，在性质上是递进的。

（一）计划审计工作

计划审计工作是整个审计工作的起点。为了保证审计目标的实现，审计师必须在具体执行审计程序之前制订审计计划，对审计工作进行科学、合理的计划与安排。科学、合理的审计计划可以帮助注册会计师有的放矢地去审查和取证，形成正确的审计结论；可以使审计成本保持在合理的水平上，提高审计工作的效率。在计划审计工作前，注册会计师应进行初步的业务活动，主要涉及客户的接受与保持、确定业务约定书条款、制订初步计划等。计划审计工作包括针对审计业务制定总体审计策略和具体审计计划，确定重要性水平并评估风险，以将审计风险降至可接受的低水平。

（二）实施审计

实施审计阶段包括两个重要环节，一是风险评估程序，二是风险应对。

现代审计是一种风险导向的审计。注册会计师应在了解被审计单位及其环境的基础上实施风险评估程序，以识别和评估财务报表层次以及各类交易、账户余额、列报认定层次的重大错报风险。风险评估程序主要包括了解企业及其经营环境，评估存在重大错报的风险和确定审计范围。审计师可以询问客户的工作人员、观察其经营活动、执行分析程序、查阅企业经营计划及战略，以及执行其他的一些必要程序。

风险应对，即进一步审计程序。进一步的审计程序包括控制测试和实质性程序。控制测试与实质性程序之间有着密切关系。如果注册会计师认为被审计单位内部控制的可靠程度高，则实质性程序的工作量可以大为减少；反之，实质性程序的工作量会增加。但无论何时，实质性程序是必不可少的。

（三）完成审计

在审计完成阶段，审计师的目标是要确定对风险的评估是否适当，获取的证据是否充分。然后，注册会计师还需要汇总那些已经发现但没有更正的错报以确定其是否会引起财务报表的重大错报。如果注册会计师认为所有的错报汇总起来会导致财务报表的重大错报，那么他就应该要求管理层更正这些重大错报。如果管理层没有对此加以更正，那么注册会计师就应该出具保留或否定意见的审计报告。另外，如果未更正的错报汇总在一起不会导致财务报表的重大错报，注册会计师则可以出具无保留意见审计报告。

审计过程的最后一个阶段是出具适当的审计报告。如果注册会计师遵守审计准则并且已收集了充分适当的审计证据，同时财务报表也符合会计准则的要求，那么注册会计师就可以出具标准的无保留意见的审计报告。如果注册会计师没有收集到充分的审计证据，或者财务报表也不符合会计准则的要求，那么注册会计师就应该出具其他类型的审计报告。

审计工作流程中，重要性、风险和证据是三个重要的概念。审计师对于重要性和审计风险的判断决定了实施审计时采取的工作方式以及工作量（这里指审计范围）。在确定审计范围时，注册会计师必须明确所要收集审计证据的性质、时间安排和范围。

二、重要性

（一）重要性概念

标准审计报告的措辞里有这样一个惯用语："在所有重大方面"。这是审计师让审计报告使用者了解重要性这一概念的方式。此外，审计师也并不保证发现所有的重大错报，他仅仅对发现所有重大错报提供合理保证。

所谓的重要性是指，会计信息漏报或错报的程度能使特定情形下一个有理智的人由于依赖该信息而影响或变更其判断。它既是一个会计概念，同时也是一个审计概念。审计的重要性突出信息错报、漏报水平的"临界点"这一概念，错漏报程度超过某一影响使用者决策的"临界点"，这种错报和漏报就应被视为是重要的。在审计领域，运用这一概念主要是基于以下两点考虑：

（1）成本效率原则。由于审计目标的变化，使得审计师花费较大的费用对全部内容进行检查验证已没有必要，为此，必须抓住财务报表的重要方面和事项加以审查。

（2）稳健性原则。仅对财务报表的重要内容进行审查，就无法对未查部分的正确性做出判断。对此，审计师就要承担一定的风险，而风险的大小取决于审计师对重要性的判断。

假定客户资产负债表上存货为50万元，审计师认为财务报表上的错报数额不超过5万元就不会影响到报表使用者。5万元是会计重要性。审计师可能就会将重要性水平设定为一个低于5万元的数额，比如说4万元，以备他对会计重要性的估计中可能出现不确定性。审计师以这4万元为标准来规划审计工作。这个数额也被用来评估审计师的发现。通过将重要性水平设定为4万元，审计师可以关注那些重大的错报，即管理当局认定的余额与审计师根据实际发现确定的余额之间的差异。

（二）重要性的运用

重要性是决定审计风险以及检查范围、检查程度的直接依据之一，重要性原则的运用贯穿于审计执业过程的始终。在计划审计工作阶段，审计师需要确定报表层次的重要性水平，将报表层次重要性水平分配到认定层；在实施审计阶段，审计师需要实施实质性程序，推断认定层的错报；在完成审计阶段，审计师需要汇总错报，并将尚未更正错报汇总数与报表层重要性水平进行比较，以确定审计意见的类型。

具体而言，应用重要性原则的步骤包括：

1. 计划阶段，初步判断报表层重要性水平并分配到认定层

初步判断重要性水平时，审计师可以考虑下列因素：以前年度的重要错报；潜在的舞弊或非法行为；数额虽小，但可能违反贷款协议中的规定；数额虽小，但可能影响盈利趋势；数额虽小，但可能导致企业无法完成预测的收入或盈利。确定重要性水平时，审计师应该设定一个或多个基数，再用它和一个百分数相乘，得出对重要性水平的初步定量判断。以下这些数值资料经常被用来确定重要性水平：总资产、总收入、税前净利润、毛利、三年税前净利润的平均值。其中，总资产、总收入或某种形式的净利润经常被审计师用来确定重要性。由于总资产或总收入从长期来看要比税前净利润更稳定，因此审计师大多选择前者。尤其当企业接近盈亏临界点或遭受损失时，使用净利润作为基数会带来许多困难。

接下来，审计师要将初步确定的重要性水平分配给各账户余额或交易类别。账户余额表示财务报表中的各个独立的项目，例如应收账款或存货。交易类别是指被企业会计系统所处理的一类交易，例如收入或采购。分配初步判断的重要性水平是为审计各个账户余额或交易类别设定一个范围。举例来说，如果分配给一个具体账户（例如应收账款）的重要性水平较低，那么与重要性水平的分配额较高的情形相比，低水平下就需要收集更多的审计证据。

一旦初步判断的重要性水平分配给了某个账户，它就可以被称作可容忍的误差。在分配重要性时，审计师应该考虑以下因素：账户相对于财务报表的重要性，误差的期望值。例如，账户余额越大，分配给它的重要性水平就越大。与此相似，如果审计师预计在某个账户很少存在或不存在错报，那么他可以分配给这个账户一个很高的重要性水平。因为审计师预期发生误差的可能性比较小，所以可以缩小对该账户的审计范围。

2. 完成阶段之前，将尚未更正的错报汇总数与重要性水平进行比较

审计师根据实施审计的结果汇总来自所有账户余额或交易类别的错报。这个总数包括已知的错报数和基于选取的样本数据做出的推算。此外，还应考虑因为被确认为不重要而没有调整的前期错报产生的影响。审计师将尚未更正的错报汇总数与重要性水平进行比较。审计师在审计过程中可能会发现一些因素和项目，进而修改初步判断的重要性水平。因此，初步判断的重要性水平可能与评估审计发现时使用重

要性水平不同。当此种情况发生时，审计师应该详细记录修改初步判断的重要性水平的原因。当错报汇总数小于初步判断的重要性水平时，审计师能够得出财务报表已做到公允表述的结论。相反，当错报汇总数大于计划的重要性水平时，审计师应该要求客户调整财务报表。如果审计客户拒绝调整财务报表的错报，审计师应该发表保留意见或否定意见，因为此时财务报表因违反公认会计原则而没有做到公允表述。

三、审计风险

风险这一概念源自其他学科。审计风险是审计执业过程的核心概念之一。

（一）审计风险的含义

从理论上来说，审计风险有以下三种含义：

1. 未能察觉出重大错报的风险：最狭义的审计风险

这是指审计师错误地估计和判断了审计事项，乃至发表了与事实相悖的审计报告，使重大错报或舞弊行为未能揭示出来，而受到有关关系人指控并遭受某种损失的可能性。

2. 发表了一个不适当的意见的风险：狭义的审计风险

从狭义上理解，审计风险应当包括财务报表没有公允揭示而审计人员却认为已经公允揭示的风险、财务报表总体上已公允揭示而审计人员却认为未公允揭示的风险。把客观上是正确的东西判断为错误，即误拒险，简称 α 风险；把客观上是错误的东西判断为正确，即误受险，简称 β 风险。通常情况下，前者与审计效率相关，会增加审计时间和样本量；后者直接关系到审计效果与质量。

3. 审计职业风险：广义的审计风险

审计风险也可以理解为审计主体损失的可能性，这里特别包括了企业的营业风险。营业风险是指，虽然为某一客户提供的审计报告正确无误，但审计人员（或承担审计的会计师事务所）却因委托关系而受到伤害的风险。营业风险不是审计过程中发生的失误行为，但它却对审计构成了风险，因而必须将其列入审计风险的范畴。

本书主要讨论第一种审计风险，因为这是一种为广大审计人员普遍理解并为包括国际审计准则在内的大多数国家审计准则所接受的审计风险含义。简而言之，审计风险指审计师在未知的情况下对存在重大错报的财务报表出具了不合适的审计意见的可能性。

（二）审计风险成因

审计只能提供合理保证而非绝对保证。审计师并没有保证或绝对保证查出报表中的所有错报。标准审计报告中指明审计师只对财务报表不包含重大错报提供合理保证。“合理保证”一词就意味着存在财务报表中存在重大错报而审计师没有查出来的风险。在实施审计的过程中，审计师要确定他本人愿意承受的风险水平，并做出审计计划来达到这种风险水平。审计师通过实施审计的效果和范围来控制审计风险水平。审计工作越有效，审计工作范围越大，没有查出报表中的错报以及出具不恰当审计意见的风险就越小。然而，如前文所述，即使审计师在审计过程中遵守了审计准则并出具了无保留意见的审计报告，财务报表中仍然可能存在重大错报。

（三）审计风险模型

审计风险取决于重大错报风险和检查风险。注册会计师应当实施审计程序，评估重大错报风险，并根据评估结果设计和实施进一步审计程序，以控制检查风险。

1. 重大错报风险

重大错报风险是指财务报表在审计前存在重大错报的可能性。在设计审计程序以确定财务报表整体是否存在重大错报时，注册会计师应当从财务报表层次和各类交易、账户余额、列报认定层次考虑重大错报风险。

财务报表层次重大错报风险与财务报表整体存在广泛联系，它可能影响多项认定。此类风险通常与控制环境有关，如管理层缺乏诚信、治理层形同虚设而不能对管理层进行有效监督等；但也可能与其他因素有关，如经济萧条、企业所在行业处于衰退期。此类风险难以被界定于某类交易、账户余额、列报的具体认定，相反，此类风险增大了一个或多个不同认定发生重大错报的可能性，与由舞弊引起的风险特别相关。

注册会计师应当评估认定层次的重大错报风险，并根据既定的审计风险水平和评估的认定层次重大错报风险确定可接受的检查风险水平。某些类别的交易、账户余额、列报及其认定重大错报风险较高。例如，技术进步可能导致某项产品陈旧，进而导致存货易于发生高估错报（计价认定）；对高价值的、易转移的存货缺乏实物安全控制，可能导致存货的存在性认定出错；会计计量过程受重大计量不确定性影响，可能导致相关项目的准确性认定出错。注册会计师应当考虑各类交易、账户余额、列报认定层次的重大错报风险，以便于针对认定层次计划和实施进一步审计程序。

2. 检查风险

检查风险是指某一认定存在错报，该错报单独或连同其他错报是重大的，但注册会计师执行的实质性程序未能发现这种错报的可能性。

3. 审计风险各要素之间的关系

审计风险、重大错报风险和检查风险之间的关系用模型表示为：

审计风险 = 重大错报风险 × 检查风险

在既定的审计风险水平下，可接受的检查风险水平与认定层次重大错报风险的评估结果呈反向关系。一般而言，评估的重大错报风险越高，可接受的检查风险越低；评估的重大错报风险越低，可接受的检查风险越高。

同样，在既定的重大错报风险水平下，注册会计师可以接受的审计风险与可以接受的检查风险呈正向关系。一般而言，注册会计师可以接受的审计风险越高，可以接受的检查风险的水平就越高；反之，注册会计师可以接受的审计风险越低，可以接受的检查风险的水平就越低。

（四）审计风险与重要性和审计证据之间的关系

1. 审计风险与重要性之间的关系

审计风险与重要性之间存在反向关系。重要性水平越高，审计风险越低；重要性水平越低，审计风险越高。注册会计师在确定审计程序的性质、时间和范围时应当考虑这种反向关系。

理解审计风险与重要性之间的这种关系要注意以下几点：

第一，重要性水平是注册会计师从财务报表使用者的角度进行判断的结果。重要性与审计风险之间的这种关系也是建立在这个基础之上。

第二，重要性与审计风险之间的这种关系是从定量的角度来说的。重要性水平的高低指的是金额的大小，没有涉及定性的考虑。

第三，重要性与审计风险之间的这种关系只有在假定同一被审计单位的情况下才成立。对于不同的审计单位的不同重要性水平，无法据此直接判断审计风险的相对大小。

第四，重要性与审计风险之间的这种关系只有在客观、准确地确定重要性水平的前提下和假定审计师付出同样努力的假设下才会成立。

在上述背景下，10000 元的重要性水平要高于 5000 元的重要性水平，相应的 10000 元重要性水平下的审计风险要小于 5000 元重要性水平下的审计风险。因为，如果重要性水平是 10000 元，则意味着低于 10000 元的错报不会影响到财务报表使用者的决策，此时注册会计师需要通过执行有关审计程序合理保证能发现高于 4000 元的错报；如果重要性水平是 5000 元，则金额在 5000 元以上的错报就会影响财务报表使用者的决策；面对同一个被审计单位，如果重要性水平是 5000 元而不是 10000 元，相对于重要性为 10000 元的情况来说，就意味着注册会计师不但要通过执行有关审计程序合理保证能发现金额在 10000 元以上的错报，还要通过执行有关审计程序合理保证能发现金额在 5000 元～10000 元的错报。很显然，如果审计师付出同样的努力，则重要性水平为 5000 元时审计不出这样的重大错报的可能性（即审计风险），要比重要性水平为10000元时的审计风险高。因此，重要性水平越低，则审计风险越高，就越要求注册会计师收集更多更有效的审计证据，以将审计风险降至可接受的低水平。所以，重要性水平和审计证据之间也存在反向变动关系。

由于重要性与审计风险的这种关系只有在客观、准确确定重要性的前提下才会成立，所以，注册会计师不能通过不合理地人为调高重要性水平来降低审计风险。因为重要性是依据重要性概念中所述的判断标准客观确定的，而不是由主观期望的审计风险水平决定的。由于重要性和审计风险存在上述反向关系，而且这种关系对注册会计师将要执行的审计程序的性质、时间和范围有直接的影响，因此，注册会计师应当综合考虑各种因素，合理确定重要性水平。

注册会计师应当关注财务报表的重大错报，但没有责任发现对财务报表整体不产生重大影响的错报。注册会计师应当考虑已识别但未更正的单个或累计的错报是否对财务报表整体产生重大影响。

2. 审计风险与审计证据之间的关系

评估的审计风险与所需收集的审计证据的数量存在正向关系。一般而言，评估的审计风险越高，需要收集的审计证据就越多；评估的审计风险越低，所需收集的审计证据就越少。

此外，评估的审计风险与注册会计师可以接受的审计风险不同，注册会计师可以接受的审计风险与审计证据之间存在反向关系。一般而言，对于同一个审计客户，注册会计师可以接受的审计风险越高，所需收集的审计证据越少；注册会计师可以接受的审计风险越低，所需收集的审计证据越多。

四、证据

（一）证据的作用

审计工作的核心是取得证据和评价证据，进而形成审计意见。证据来自于支持财务报表形成全过程的所有资料，包括基本的会计资料以及审计师可以利用的具有证实作用的所有信息。

为了获取有关证据，审计师要设定具体审计目标。审计师运用审计目标，再加上对重要性和审计风险的估计，来确定所要搜集证据的性质、数量和时间安排。由于审计目标源自管理当局的认定，因此，一旦审计师获得充分适当的证据来证明达到了审计目标，财务报表是公允表达的这一判断也就有了合理的保证。

在获取并评价审计证据的过程中，审计师关注的是证据的相关性和可靠性。相关性是指证据是否和将要测试的具体审计目标相关。如果审计师依赖的审计证据是和其他的审计目标而非将要测试的审计目标相关，那么审计师可能会对管理当局的认定得出不正确的结论。例如，假定审计师要测试客户是否拥有某种财产。如果审计师实地盘点财产，那么这一证据可能就不够相关，因为审计师盘点的财产可能是租借来的。

可靠性是指对证据真实程度的判断，换言之，即是否可依靠某种类型的证据来表明管理当局的认定是真实的，或者审计目标已经达成。假设审计师可以从客户外部独立且适当的来源获取证据，也可以从客户内部获取证据。例如，律师提供的对客户起诉的结果的证据要比客户会计主管对结果的估计更可靠。在这种情况下，就应该选择外部来源即律师来提供证据，因为外部来源有其独立性，因此也更加可靠。

（二）证据的含义

审计证据是指注册会计师为了得出形成审计意见所依据的结论而使用的信息。审计证据包括构成财务报表基础的会计记录所含有的信息和其他信息。注册会计师应当获取充分、适当的审计证据，以得出合理的审计结论，作为形成审计意见的基础。

1. 构成财务报表基础的会计记录所含有的信息

构成财务报表基础的会计记录所含有的信息一般包括对初始会计分录的记录和支持性记录。例如，支票、电子资金转账记录、发票、合同、总账、明细账、记账凭证和未在记账凭证中反映的对财务报表的其他调整，以及支持成本分配、计算、调节和披露的手工计算表和电子数据表。

依据会计记录编制财务报表是被审计单位管理层的责任，注册会计师应当测试会计记录以获取审计证据。但是会计记录所含有的信息本身并不足以提供充分的审计证据作为对财务报表发表审计意见的基础，注册会计师还应获取用作审计证据的其他信息。

2. 其他信息

其他信息的内容比较广泛，包括有关被审计单位所在行业的信息、被审计单位的内外部环境的其他信息等。可以用作审计证据的其他信息包括：注册会计师从被审计单位内部或外部获取的会计记录以外的信息，如被审计单位会议记录、内部控制手册、询证函的回函、分析师的报告、与竞争者的比较数据等；注册会计师通过询问、观察和检查等审计程序获取的信息，如通过检查存货获取存货存在性的证据等；注册会计师自身编制或获取的可以通过合理推断得出结论的信息，如注册会计师编制的各种计算表、分析表等。

构成财务报表基础的会计记录所含有的信息和其他信息两者共同构成了审计证据，两者缺一不可。如果没有前者，审计工作将无法进行；如果没有后者，可能无法识别重大错报风险。只有将两者结合在一起，才能将审计风险降至可接受的低水平，为注册会计师发表审计意见提供合理基础。

3. 利用管理层专家的工作和使用被审计单位生成的信息

注册会计师可能在编制用作审计证据的信息时，利用管理层专家的工作。管理层的专家是指在会计或审计以外的某一领域具有专长的个人或组织，并且其工作被管理层利用，用以协助管理层编制财务报表。这种情况下，注册会计师应当考虑专家的工作对于实现注册会计师目的的重要性，在必要的范围内实施评价专家的胜任能力、专业素养和客观性，了解专家的工作。如果注册会计师将专家的工作作为相关认定的审计证据，那么注册会计师还要评价其适当性。

注册会计师还有可能使用被审计单位生成的信息。这种情况下，注册会计师应当评价信息对实现注册会计师的目的是否足够可靠，应当根据具体情况，在必要时实施获取有关信息准确性和完整性的审计证据；评价信息对实现注册会计师的目的是否足够准确和详细。

（三）证据的种类

在审计实务中，审计证据的种类繁多，其外在形式、取得方式、取得途径、证明力的强弱等方面均有所不同。对审计证据进行合理、科学的分类，有利于有效地收集、恰当地使用和评价审计证据。

根据审计证据的外在的具体形态，可以将其划分为实物证据、书面证据、口头证据、环境证据。根据获取的证据对审计结论的支持程度，可以将审计证据分为直接证据和间接证据。按照证据的来源进行分类，就是要考虑证据是谁产生的，产生后是由谁处理的，以及谁有权接触该证据，按此标准可以将审计证据划分为来自审计客户内部的证据、来自审计客户外部的证据。根据证据所提供的逻辑证明，可将其划分为正面证据和反面证据。注册会计师要决定是否需要对现有的证据进行完善，或者在综合和评价审计证据时，需要考虑证据的证明力的大小。按照证据的证明力，可以将审计证据划分为充分证明力、部分证明力和无证明力三种类型。

上述各种证据可用来实现各种不同的具体审计目标。针对每一个具体账户及其相关认定，注册会计师应当选择适当的审计证据以实现审计目标，力求做到证据收集既有效又经济。各类证据与具体审计目标的关系如表 2－1 所示。

表2－1　证据与具体审计目标的关系

证据种类	具体审计目标								
	总体合理性	真实性	完整性	所有权	估价	截止	机械准确性	披露	分类
实物证据		√	√		√	√			
书面证据	√	√	√	√	√	√	√	√	√
口头证据	√	√	√	√	√	√		√	√
环境证据	√								

第三节　审计准则

一、审计准则概述

（一）审计准则的含义

审计准则是规范审计师执行业务的标准。审计准则是审计工作的客观规律和基本要求，也是审计理论的重要组成部分。“审计准则”最早出现于1941年美国证券交易管理委员会制定的财务报表规则S－X中，它是对审计组织和审计人员素质和工作质量的明确要求。第一部审计准则诞生于1947年，由美国注册会计师协会的审计程序委员会发布。注册会计师执业准则的制定和实施，使注册会计师在执行业务时有了规范和指南，也便于考核注册会计师的执业质量，推动了注册会计师行业的发展。随着审计业务扩展到鉴证服务，审计准则体系也在不断扩展。目前，中国已经发布了包括审计准则、审阅准则和其他鉴证业务准则，职业道德规范和质量控制准则在内的注册会计师执业准则体系。由于审计准则是发展历程最为悠久、最为广大社会公众知晓的准则，有时也会用审计准则代称注册会计师执业准则。

（二）审计准则的作用

（1）审计准则可以规范执业行为。建立了审计准则，审计师在执行业务的过程中就有章可循。例如，审计准则规范了如何签订审计业务约定书，如何编制审计计划，如何实施审计程序，如何记录审计工作底稿，如何出具审计报告，以及如何控制审计质量等。这就使审计师在执行业务的每一环节都有了相应的依据和标准，从而规范了审计师的行为。

（2）审计准则可以评价审计质量。审计服务不同于一般服务，具有无形、同步、易逝等特点。审计服务质量的高低无法用简单的指标衡量，对审计质量的评价主要依靠对审计过程及其结果的评价，审计准则为此提供了评价依据和标准。

（3）审计准则可以确定和解脱审计责任。审计准则是确定审计责任的最低要求。审计责任的确定和解脱的重要标准是评价审计师是否遵循了审计准则的要求。只要审计师遵照执业准则的规定执行业务，执业质量就有保证，审计责任就可以由此解脱。

（4）审计准则可以维护社会公众利益。审计准则要求注册会计师强化审计的独立性，保持应有的职业谨慎态度，遵守职业道德规范，运用风险导向审计理念，提高识别和应对市场风险的能力，更加积极地承担对财务报表舞弊的发现责任，始终把对公众利益的维护作为审计准则的衡量标尺。审计准则体系的实施，能够有效提升执业质量，加强会计师事务所的质量控制和风险防范，提高财务信息质量，降低投资者的决策风险，维护社会公众利益。

二、审计准则的发展历程

美国是审计准则的先行者。美国审计准则的发展历程可以分为四个阶段①：

（一）产生阶段

1917 年，应联邦贸易委员会的要求，美国会计师协会（美国注册

① 唐建华．风险导向审计思想的历史演进——对美国审计准则发展史的案例研究［J］．审计研究，2009（2）．

会计师协会的前身）编制了第一个关于审计范围的公告，名为《统一会计》。1918 年，《统一会计》更名为《资产负债表审计备忘录》。这份文件可谓是美国最早的审计标准。此后，美国注册会计师协会分别在 1929 年、1934 年和 1936 年对《经批准的资产负债表编制方法》进行了三次修订。在这个阶段，审计目标已经实现从检查员工舞弊和会计核算差错演进为验证会计信息的可靠性。

（二）初步形成阶段

初步形成阶段指的是从 20 世纪 30 年代末到 70 年代末。1939 年 10 月，针对 McKESSON & ROBBINS 案件中暴露出的存货和应收账款审计程序的不足，美国注册会计师协会发布了《审计程序公告第 1 号——审计程序的拓展》。1941 年，美国证券交易委员会（SEC）在结束对 McKESSON & ROBBINS 案件的最终调查后规定，会计师的报告（证明）应当说明审计是否按照“公认审计准则”进行。随后，美国注册会计师协会下属的审计程序委员会开始着手对“公认审计准则”的含义进行研究，并于 1947 年发布了《审计准则暂行公告》。《审计准则暂行公告》划清了审计程序与审计准则的界限，从而改变了审计准则的发展方向。审计准则的层次应当高于审计程序。审计准则规定实施审计程序应当达到的目标，是判断何时以及在何种情况下应当实施何种审计程序的依据，因此它更多地体现审计程序背后的理念和原则。正是基于这一定位，人们开始系统总结和提炼审计的理念和原则。《审计准则暂行公告》提出的 9 条准则具有高度概括性，属于美国审计准则体系的第一层次，后来颁布的审计准则公告（SAS）只是对这几条准则的进一步解释、说明和细化。从 1939 年到 1972 年，审计程序委员会共发表《审计程序说明》54 辑。1978 年，该委员会更名为审计准则委员会。从 1972 年到 1990 年，该委员会一共发表《审计准则说明书》63 辑。这些审计准则说明书与《审计准则暂行公告》并称为公认审计准则。

（三）发展完善阶段

发展完善阶段指的是从20世纪70年代末到90年代中后期。20世纪70年代末，审计成本上升，审计收费停止增长甚至下降，针对会计师事务所的法律诉讼日益增加，风险导向审计思想成为指导审计实务和审计准则的主流审计理念。1983年，美国注册会计师协会下属的审计准则委员会（ASB）发布《审计准则公告第47号——审计风险和重要性》。它的发布标志着审计准则的制定工作开始接受风险导向审计思想的系统指导。ASB随后发布的准则，为实施风险导向审计提供了进一步的指引。审计准则要求注册会计师在审计过程中围绕审计风险控制做工作，并为重大错报风险的识别、评估和应对提供了更多指导，以提高审计的效率和效果。

（四）深化和创新阶段

20世纪90年代中后期，审计环境发生了很大变化，包括全球化和信息技术对企业的经营产生巨大影响、企业的组织形式和经营模式不断创新、会计准则中越来越多涉及判断和估计、可能引致财务报告舞弊的压力大为增加等（陈毓圭，2004）。为此，以国际“四大”为代表的大型会计师事务所对审计方法论进行了创新。为了解最佳审计实务，1999年，一些审计准则制定机构和来自英国、加拿大的学者成立了一个研究小组。2000年，该研究小组得出结论：审计风险模型对财务报表审计仍然是有效和适当的，但其运用有待提高，以提高审计效果。该小组同时建议准则制定者根据研究结论修订现行审计准则。

在此背景下，美国审计准则委员会于2006年发布了审计风险系列准则。修订后的审计准则一方面突出风险导向审计思想在审计准则体系中的地位；另一方面对原有涉及风险导向审计内容的准则进行重新整合，突出围绕重大错报风险识别、评估和应对的审计新流程；同时还注重强化风险导向审计的实务运用，细化对风险导向审计应用技术的指导。

三、我国审计准则建设历程

（一）制定执业规则阶段

从 1991 年到 1993 年，中国注册会计师协会先后发布了《注册会计师检查验证会计报表规则（试行）》等 7 个执业规则。这些执业规则对我国注册会计师行业走向正规化、法制化和专业化起到了积极作用。

（二）建立准则体系阶段

1993 年 10 月 31 日，第八届全国人民代表大会常务委员会第四次会议通过《中华人民共和国注册会计师法》，规定中国注册会计师协会依法拟定执业准则、规则，报国务院财政部门批准后施行。经财政部批准同意，中注协自 1994 年 5 月开始起草独立审计准则。

到 2003 年年中，中注协先后制定了 6 批独立审计准则，包括 1 个准则序言、1 个独立审计基本准则、28 个独立审计具体准则和 10 个独立审计实务公告、5 个执业规范指南，此外，还包括 3 个相关基本准则（职业道德基本准则、质量控制基本准则和后续教育基本准则），共计 48 个项目。在这一阶段发布的 48 个项目中既有基本原则，又有具体要求和操作指南，内容涵盖审计及相关业务的各个方面。这个阶段，我国基本建立起了独立审计准则体系，为进一步完善独立审计准则体系奠定了基础。

（三）完善与提高阶段

自 2004 年我国独立审计准则体系基本建立之后，我国审计准则制定工作转向完善审计准则体系与提高准则质量并重。尽管独立审计准则建设取得了明显成就，但随着形势的发展变化，迫切要求我国加快审计准则建设，满足注册会计师执业需要，并进一步缩小与国际审计准则的差距。

第一，行业面临很大的风险。近年来，企业经营环境不断发生变化，导致审计风险日益增大，主要体现在：企业组织机构及其经营活动的方式日益复杂，全球化和科学技术的影响日益加深，会计准则要求的判断和估计日益复杂，一些企业管理层进行财务舞弊的动机和压力日益增大。为了使审计实务更加有效地应对企业经营环境变化给行业带来的风险，迫切需要通过出台有关审计风险准则予以解决。

第二，传统审计实务存在缺陷。现行审计准则是建立在传统审计风险模型基础上的，存在很大缺陷。传统审计风险模型忽略了对固有风险的评估，注册会计师往往不注重从宏观层面上把握财务报表存在的重大错报风险，而直接实施控制测试和实质性测试，因此容易产生审计失败。企业是整个经济网络中的一个细胞，所处的行业状况、监管环境、企业的性质以及目标、战略和相关经营风险可能最终对财务报表产生重大影响。如果企业管理当局串通舞弊或凌驾于内部控制之上，那么内部控制是失效的。注册会计师不把审计视角扩展到内部控制以外，则很容易受到蒙蔽和欺骗，不能发现由于内部控制失效所导致的财务报表重大错报风险。

第三，国际审计准则有了新的进展。美国安然公司会计造假丑闻发生后，美国国会通过了《2002 萨班斯—奥克斯利法案》，对包括国际审计与鉴证准则理事会在内的准则制定机构影响很大。国际审计与鉴证准则理事会针对企业经营环境变化带来巨大审计风险，于 2003 年底及时出台了 4 个审计风险准则，以指导注册会计师有效地识别、评估和应对审计风险。与此同时，国际审计与鉴证准则理事会还正在加紧修改其他相关准则。如果我国不加快有关准则的制定和修订，不仅部分准则项目将难以满足注册会计师的执业需要，还将拉大与国际审计准则的差距。

第四，会计准则促进审计准则的制定进程。注册会计师完成审计业务需要两把尺度，一是会计准则，二是审计准则。由于部分审计准则与会计准则存在紧密联系，一旦会计准则出现制定、修订和废止的情况，则审计准则应当及时出台或修改。

在这一阶段，我国成立了中国审计准则委员会，明确提出了国际趋同的主张，制订了审计准则国际趋同的计划，在审计准则国际趋同方面取得重大成果。2006 年 2 月 15 日，财政部发布了中国注册会计师执业准则体系，并决定自 2007 年 1 月 1 日起在所有会计师事务所施行。执业准则体系的发布和实施，适应了我国社会主义市场经济发展的要求，顺应了会计审计准则国际趋同的大势，对于提高会计信息质量和引导资源有效配置，维护资本市场秩序和保护社会公众利益，提高对外开放水平和完善社会主义市场经济体制，都具有十分重要的作用。为了帮助广大注册会计师正确理解、深入掌握注册会计师执业准则，中国注册会计师协会在注册会计师执业准则的框架下，针对每一项准则制定了实施指南，并于 2006 年 11 月 1 日公布。中国注册会计师执业准则指南自 2007 年 1 月 1 日起与中国注册会计师执业准则同步施行。

2010 年，为了吸收国际审计准则的最新成果，进一步完善我国审计准则体系，保持我国审计准则与国际审计准则的持续全面趋同，中国注册会计师协会修订了《中国注册会计师审计准则第 1101 号——注册会计师的总体目标和审计工作的基本要求》等 38 项准则，自 2012 年 1 月 1 日起实施。

四、中国注册会计师执业准则的基本体系

中国注册会计师执业准则体系包括鉴证业务准则、相关服务准则和会计师事务所质量控制准则。为了便于社会公众理解，有时将执业准则简称为“审计准则”。

鉴证业务准则由鉴证业务基本准则统领，按照鉴证业务提供的保证程度和鉴证对象的不同，分为中国注册会计师审计准则、中国注册会计师审阅准则和中国注册会计师其他鉴证业务准则（以下分别简称审计准则、审阅准则和其他鉴证业务准则）。其中，审计准则是整个执业准则体系的核心。

审计准则用以规范注册会计师执行历史财务信息的审计业务。在提供审计服务时，注册会计师对所审计信息是否不存在重大错报提供合理保证，并以积极方式提出结论。

审阅准则用以规范注册会计师执行历史财务信息的审阅业务。在提供审阅服务时，注册会计师对所审阅信息是否不存在重大错报提供有限保证，并以消极方式提出结论。

其他鉴证业务准则用以规范注册会计师执行历史财务信息审计或审阅以外的其他鉴证业务，根据鉴证业务的性质和业务约定的要求，提供有限保证或合理保证。

相关服务准则用以规范注册会计师代编财务信息、执行商定程序、提供管理咨询等其他服务。在提供相关服务时，注册会计师不提供任何程度的保证。

质量控制准则用以规范会计师事务所在执行各类业务时应当遵守的质量控制政策和程序，是对会计师事务所质量控制提出的制度要求。

为了克服按时间顺序编号带来的弊端，注册会计师执业准则体系按照会计科目编号原理进行编号。下面以审计准则为例，说明新编号原理：按照审计过程、业务性质和规范的内容，将审计准则划分为三个层次。第一层次分为六大类：①一般原则与责任；②风险评估以及风险的应对；③审计证据；④利用其他主体的工作；⑤审计结论与报告；⑥特殊领域。在各大类下，将审计准则分为小类；在各小类下，将审计准则分为细类。针对上述三个层次，把编号设计为四位数，第一位数代表大类，第二数代表小类，第三、第四位数代表细类。

（一）一般原则与责任

CSA 1101 注册会计师的总体目标和审计工作的基本要求

CSA 1111 就审计业务约定条款达成一致意见

CSA 1121 对财务报表审计实施的质量控制

CSA 1131 审计工作底稿

CSA 1141 财务报表审计中与舞弊相关的责任

CSA 1142 财务报表审计中对法律法规的考虑

CSA 1151 与治理层的沟通

CSA 1152 向治理层和管理层通报内部控制缺陷

CSA 1153 前任注册会计师和后任注册会计师的沟通

（二）风险评估与应对

CSA 1201 计划审计工作

CSA 1211 通过了解被审计单位及其环境识别和评估重大错报风险

CSA 1221 计划和执行审计工作时的重要性

CSA 1231 针对评估的重大错报风险采取的应对措施

CSA 1241 对被审计单位使用服务机构的考虑

CSA 1251 评价审计过程中识别出的错报

（三）审计证据

CSA 1301 审计证据

CSA 1311 对存货等特定项目获取审计证据的具体考虑

CSA 1312 函证

CSA 1313 分析程序

CSA 1314 审计抽样

CSA 1321 审计会计估计（包括公允价值会计估计）和相关披露

CSA 1323 关联方

CSA 1324 持续经营

CSA 1331 首次审计业务涉及的期初余额

CSA 1332 期后事项

CSA 1341 书面声明

（四）利用其他主体的工作

CSA 1401 对集团财务报表审计的特殊考虑

CSA 1411 利用内部审计人员的工作

CSA 1421 利用专家的工作

（五）审计结论与报告

CSA 1501 对财务报表形成审计意见和出具审计报告

CSA 1502 在审计报告中发表非无保留意见

CSA 1503 在审计报告中增加强调事项段和其他事项段

CSA 1511 比较信息：对应数据和比较财务报表

CSA 1521 注册会计师对含有已审计财务报表的文件中的其他信息的责任

（六）特殊领域审计

CSA 1601 对按照特殊目的编制基础编制的财务报表审计的特殊考虑

CSA 1602 验资

CSA 1603 对单一财务报表和财务报表的特定要素、账户或项目审计的特殊考虑

CSA 1604 对简要财务报表出具报告的业务

CSA 1611 商业银行财务报表审计

CSA 1612 银行间函证程序

CSA 1613 与银行监管机构的关系

CSA 1621 对小型被审计单位审计的特殊考虑

CSA 1631 财务报表审计中对环境事项的考虑

CSA 1632 衍生金融工具的审计

CSA 1633 电子商务对财务报表审计的影响

本章小结

本章主要介绍了审计学中的重要概念，什么是审计，什么是鉴证业务，鉴证业务的要素，鉴证业务与相关服务的区别，保证程度的区别。另外，本章还解释了审计业务中的三个重要概念：重要性、风险和证据。最后本章阐述了审计准则体系的发展和演进，中国注册会计师执业准则体系的构成。

第三章

走进审计：道德与能力

◎**知识目标**：了解审计职业应该具备的基本能力和专业素养，熟悉职业道德相关内容和要求，熟悉专业胜任能力的主要内容。

◎**能力目标**：根据实际情况判断是否存在影响独立性的情形，能够有意识地锻炼自身的表达能力、沟通能力和写作能力。

第一节 职业道德

社会经济的发展促成了企业所有权和经营权的分离，受托者接受财产所有者的委托，负责企业生产经营的日常管理，而企业所有者则出于维护其财产安全完整的目的，需要经常对受托者的受托经济责任履行情况进行监督，审计从此应运而生。应该说，审计是社会经济发展到一定阶段的必然产物，要求审计人员运用适当的审计方法，对照相应的审计标准，对被审计单位会计信息所反映的经济活动进行审查，对其财务状况、经营成果以及相应的经济活动的真实性、合法性和有效性做出结论，发表审计意见。审计在整个经济活动中所扮演的角色，决定了其具有监督、评价和鉴证的基本职能，而这一职能的发挥又取决于审计的基本特征——独立性、公正性和权威性。如何才能发挥审计的独立性、公正性和权威性呢？当然需要审计人员能够作为独立的第三方，不偏不倚、客观公正地对企业财务报表的真实可靠性做出鉴证意见，这不仅需要审计人员具备过硬的专业知识和技能，而且必须遵守审计行业职业道德规范。

一、职业道德的含义

（一）什么是道德

“道德”是“道”和“德”的合成词，道是方向、方法、技术的总称；德是素养、品性和品质。道德双修是人生的哲学。

道德是一种社会意识形态，由一定社会的经济基础所决定，是以善与恶、美与丑、正义与非正义、公正与偏激、诚实与虚伪为评价标准，以法律为保障，通过社会舆论、内心信念和传统习惯来评价人的行为，调整人与人之间以及个人与社会之间相互关系的行动规范的总和。道德由舆论力量与人们的“良心”所支持的价值标准和行为取向构成，是人们共同生活及其行为的准则与规范，属于上层建筑的范畴。道德往往代表着社会的正面价值取向，起判断行为正当与否的作用。

虽然人类的道德在某些方面具有共通性，但是在不同的时代、不同的社会，往往有一些不同的道德观念；不同的文化中，所重视的道德元素及其优先性、所持的道德标准也常常有所差异；同样一种道德，在不同文化社会背景中的外在表现形式、风俗习惯往往也相去甚远。

（二）职业道德

现代市场经济的发展，确实给政治、经济、文化和社会生活等方面带来了巨大变化。但市场经济本质上毕竟是一种经济利益导向的经济，作为市场经济主体的企业和个人，其行为的出发点和根本目的都是通过等价交换的买卖关系而获得利益。衡量市场价值的标准就是看其是否能够赢得利润。赢利越多价值越大，在社会中的地位就越高；反之，如果利益亏损，企业和个人就会丧失生存和发展的空间。市场经济的利益机制，很容易促使企业和个人产生趋利思想。在利益的引诱下，一些人容易滋生极端利己主义、拜金主义和享乐主义，唯利是图，急功近利，在处理国家、集体、个人三者利益关系时，只强调个人利益，排斥集体利益和国家利益，甚至不择手段地追逐个人利益的满足。这些现象的出现，给整个社会风气带来极为恶劣的影响，致使党风政风不正，腐败现象丛生，各种社会丑闻此起彼伏。在这种情况下，在加强依法治国的同时，加强以德治国、加强社会公德和职业道德建设，就显得尤为重要和极为迫切。也就是说，市场经济对人们的道德观念包括对职业道德观念的影响是很大的；但反过来，人们的道德观念，特别是人们良好的职业道德观念又是促进我国进一步改革开放和繁荣社会主义市场经济的强大精神动力。企业和个人的成功，都是和良好的职业道德分不开的。

那么什么是职业道德呢？

职业道德是所有从业人员在职业活动中应该遵循的行为准则，涵盖了从业人员与服务对象、职业与职工、职业与职业之间的行为标准和行动导向。所谓职业道德素质，就是同人们的职业活动紧密联系的符合职业特点所要求的道德准则、道德情操与道德品质的总和，它既是对本职人员在职业活动中的行为标准和要求，同时又是职业对社会所负的道德责任与义务。它是人们在特定的工作和劳动中以其内心信念和特殊社会手段来维系的，以善恶进行评价的心理意识、行为原则和行为规范，是人们在从事职业的过程中形成的一种内在的有很大限制性的约束机制。

在社会经济生活中，各行各业都要通过职业道德建设来规范其从业人员的行为，使各种职业能够正常地发挥其应有的作用。医务界有医务人员职业道德规范，会计界有会计人员职业道德规范，当然，审计行业也应该有审计职业道德规范。

随着现代社会分工的发展和专业化程度的增强，市场竞争日趋激烈，整个社会对各种职业从业人员职业观念、职业态度、职业技能、职业纪律和职业作风的要求越来越高。依据中共中央印发的《公民道德建设实施纲要》，各行各业应大力建设职业道德规范，倡导以爱岗敬业、诚实守信、办事公道、服务公众、奉献社会为主要内容的职业道德准则，引导和造就高素质的职业从业人员。

职业道德是社会道德体系的重要组成部分，它一方面具有社会道德的一般作用，另一方面又具有自身的特殊作用。它不仅能够调节职业交往中从业人员内部以及从业人员与服务对象间的关系，有助于维护和提高本行业的信誉，促进本行业的发展，而且有助于全社会道德水平的提高。

（三）注册会计师职业道德

如前文所述，审计行业是在现代企业两权分离的前提和背景下产生和发展的，要求审计人员能够站在独立的立场对企业管理层编制的财务报表进行审计，并提出客观、公正的审计意见。会计信息使用者在很大程度上会依赖企业管理层编制的财务报表和注册会计师发表的审计意见进行经济决策。审计行业的职业特性就决定了审计人员对广大社会公众负有不可推卸的责任，尽管注册会计师接受被审计单位的委托并向其收取费用，但审计报告的实际受益人却是广大社会公众，即服务的对象是社会公众，这就决定了注册会计师从产生之日起就承担了对社会公众的责任。但通常情况下，注册会计师并不完全了解具体都包括哪些会计信息使用者，注册会计师与会计信息使用者之间也并无直接的联系，却与被审计单位之间存在频繁的接触和持续的往来。那么，会计信息使用者为何能够相信注册会计师所出具的审计报告呢？这种信任必然源自对注册会计师职业操守的认可，相信他们能够独立、客观、公正地提出审计意见，这是审计行业能够存在和发展的纽带和基础。如果这种信任体系一旦崩溃，注册会计师出具的审计报告的价值就会减损，社会公众对审计的需求就会减弱。

为使注册会计师切实担负起神圣的职责，为社会公众提供高质量的、可信赖的专业服务，在社会公众中树立良好的职业形象和职业信誉，就必须大力加强对注册会计师的职业道德教育，强化道德意识，提高道德水准。注册会计师职业道德水平的高低是关系到整个审计行业能否生存和发展的大事，尤其在我国，注册会计师事业恢复与重建的历史较短，注册会计师尚未普遍树立起强烈的风险意识、责任意识和道德意识，在推进社会主义市场经济建设中，强调注册会计师的职业道德，更有其深刻的现实意义和深远的历史意义。

注册会计师职业道德，是指注册会计师在审计实践活动中应当遵循的行为规范，是对审计人员思想意识、品德修养等方面所规定的基本要求。注册会计师职业道德是注册会计师职业品德、职业纪律、专业胜任能力及职业责任等的总称。①

（1）职业品德。职业品德是指注册会计师所应当具备的职业品格和道德行为。它是职业道德体系的核心部分，其基本要求是独立、客观和公正。

（2）职业纪律。职业纪律是指约束审计职业行为的法纪和戒律，尤其是指注册会计师应当遵循的职业准则及国家其他相关法规。

（3）专业胜任能力。专业胜任能力是指注册会计师所应当具备胜任其专业职责的能力。

（4）职业责任。职业责任是指注册会计师对客户、同行及社会公众所应当履行的责任。

二、注册会计师职业道德规范

注册会计师的职业性质决定了其对社会公众应承担的责任。为使注册会计师切实担负起这种神圣的职责，为社会公众提供高质量的、可信赖的专业服务，就必须大力加强对注册会计师的职业道德教育。注册会计师的道德水平是关系到整个行业能否生存和发展的大事。从世界各国来看，凡是建立注册会计师制度的国家，都制定了相应的职业道德规范，以昭示注册会计师应达到的道德水准。

（一）国际会计师联合会职业道德规范

国际会计师联合会为了协调国际职业道德规范，自 1980 年开始，截至 1988 年底，由联合会的道德委员会建立并经理事会批准，制定和颁布了《职业会计师道德守则》。该守则包括三部分：

第一部分适用于所有职业会计师。即国际会计师联合会的成员组织的会员，不论其是在公共业务（包括个人执业者、合伙所或公司），还是工业部门、商业部门、政府部门或教育部门工作。适用于所有职业会计师的职业道德规范包括公正性和客观性、道德冲突的解决、专

① 刘明辉，史德刚．审计［M］．大连：东北财经大学出版社，2015.

业胜任能力、保密、税务服务、跨国活动、宣传等。

第二部分适用于执行公共业务的职业会计师。即向客户提供专业服务的合伙人或类似职业人员、执业机构的雇员，不论其专业服务类别（如审计、税务或咨询），以及在执业机构中负有管理职责的职业会计师。适用于执行公共业务的职业会计师的职业道德规范包括鉴证业务的独立性、专业胜任能力以及与利用非会计师有关的责任、收费和佣金、与公共会计师业务不相容的活动、客户的资金、与其他执行公共业务的职业会计师的关系、广告与招揽。

第三部分适用于受雇的职业会计师。即受雇于工业、商业、公共或教育部门的职业会计师。其职业道德规范包括忠诚的冲突、对同行的支持、专业胜任能力、信息的表述等。该职业道德规范在适当时也可适用于执行公共业务的职业会计师。

按照国际会计师联合会宪章的要求，各成员团体应该在可行时和行得通的范围内设法贯彻本规范，但本规范是劝导性，而非命令性的，是建议而不是要求。

（二）美国注册会计师职业道德规范

美国注册会计师协会专门设立了职业道德部，负责职业道德规范的制定和发布。早在 1917 年美国即通过了全国性的职业道德准则，1988 年《职业行为规则》得以实施。1992 年 1 月 14 日修订的《美国注册会计师协会职业行为准则》适用于美国注册会计师协会的全体会员，为他们提供规则和指导。会员不论是执行公共业务，还是在企业、政府和教育部门中工作均应遵守。会员在执行公共会计业务过程中，还应对与其相关的所有人员，包括其下属、合伙人或股东是否遵守准则负责。

美国注册会计师协会的职业道德规范由职业道德原则、行为规则、行为规则解释和道德裁决四部分组成。

（1）职业道德原则。职业道德原则是对注册会计师应当具备的品质做出的一般性规定，包括责任、公众利益、正直、客观和独立、应有的谨慎、服务的范围和性质。职业道德原则表明了注册会计师承担的责任，也反映了职业道德的基本信条。

（2）行为规则。美国注册会计师协会的章程要求，会员应当遵守《职业道德守则》中的规则，并对偏离规则的行为做出合理的解释。如果说职业道德原则是注册会计师的理想行为，那么行为规则就是注册会计师行为的最低标准，具有强制性。

（3）行为规则解释。由于经常有会员就某一具体规则提出问题，因而有必要对行为规则做出公开的解释。美国注册会计师协会职业道德部成立了一个主要由执行公共业务的执行人员组成的委员会，由委员会对行为规则做出解释。在解释最终定稿之前，要向职业界征求意见，虽然解释不具有强制性，但会员要在纪律检查听证会上证明背离解释的正当理由。

（4）道德裁决。道德裁决是美国注册会计师协会职业道德部执行委员会根据一些具体的实际情况做出的解释，也是行为规则及其解释在具体情况和案件中的应用。同行为规则解释一样，道德裁决不具有强制性，但要求会员说明任何背离的理由。

（三）中国注册会计师职业道德规范

中国注册会计师协会成立于1988年，自行业协会成立之初起，就非常重视自身的职业道德规范的建设。1992年，中国注册会计师协会发布了《中国注册会计师职业道德守则》。后来随着执业环境的变化，在借鉴美国职业道德守则的基础上，经财政部批准，中国注册会计师协会于1996年印发了《中国注册会计师职业道德基本准则》。基本准则提出了独立、客观、公正的基本原则，并从专业胜任能力和技术规范、对客户的责任、对同行的责任和其他责任角度对注册会计师提出职业道德要求，为我国职业道德规范的建设奠定了基础。2002年6月，为解决注册会计师职业中违反职业道德的现象，中国注册会计师协会又发布了《中国注册会计师职业道德规范指导意见》，于2002年7月1日起施行。2009年，中国注册会计师协会在总结以往职业道德建设实践经验、研究借鉴国际会计师职业道德准则成果的基础上，经过调研和征求意见，修改了以前制定的《中国注册会计师职业道德基本准则》和《中国注册会计师职业道德规范指导意见》，于 2009 年 10 月 14 日制定并发布了《中国注册会计师职业道德守则》，全面规范了注册会计师的职业道德行为，以维护注册会计师的职业形象，实现了与国际会计师职业道德守则的全面趋同。

中国注册会计师协会在 2009 年 10 月发布的《中国注册会计师职业道德守则》包括五个组成部分：职业道德基本原则、职业道德概念框架、提供专业服务的具体要求、审计和审阅业务对独立性的要求、其他鉴证业务对独立性的要求。其中，职业道德基本原则对后面的四个守则起到统御作用；职业道德概念框架为注册会计师提供思路，以识别、评价和应对职业道德基本原则产生不利影响的情形；提供专业服务的具体要求则对注册会计师提供的所有专业服务提出要求，要求注册会计师应当客观公正，并秉承独立性，独立性是注册会计师执行鉴证业务的灵魂，是客观、公正的体现，也是职业道德守则的精髓；审计和审阅业务的独立性要求和其他鉴证业务的独立性要求则列举了可能对独立性产生不利影响的多种情形，并提供识别、评价和应对不利影响的因素和防范措施。

在针对注册会计师发布职业道德守则的同时，中国注册会计师协会也针对非执业会员发布了《非执业会员职业道德守则》，为非职业会员提供了维护职业道德基本原则的要求和指导。

三、注册会计师职业道德规范的作用

在推进社会主义市场经济建设中，制定注册会计师职业道德规范旨在规范注册会计师的职业行为，强化道德意识，提高职业道德水平，在社会公众中树立良好的职业形象和职业声誉，保护社会公众的利益，维持市场经济秩序。

（1）职业道德规范规定了注册会计师职业行为的道德准则，要求注册会计师在审计执业过程中恪守独立、客观、公正的基本原则，保持职业谨慎态度，这不仅为注册会计师提供了有效的行动指南，而且能够促使注册会计师遵循职业道德的要求提供高质量的审计专业服务。

（2）职业道德规范明确了注册会计师的职业责任，不仅能够约束注册会计师的职业行为，维护社会公众的利益，同时也能够为注册会计师提供职业依据，抵抗外界的压力，避免注册会计师在外界强制要求下发表不当意见，有利于维护注册会计师的正当权益，促进社会主义市场经济的健康发展。

（3）职业道德规范以规范的形式向社会公众广而告之，能够向社会公众昭示注册会计师应达到的道德水准，从而提高社会公众对注册会计师职业的信赖程度。

四、注册会计师职业道德的基本原则

注册会计师为实现执业目标、维护职业形象，必须遵守一系列的原则和规定。2009 年 10 月，中国注册会计师协会颁布《中国注册会计师职业道德守则》，规定了注册会计师在执业过程中应该遵循的基本原则，这是注册会计师应具备的职业道德的原则性要求，也是整个职业道德准则中最重要的要求。我国注册会计师在职业道德方面应该遵守的基本原则包括：诚信、独立、客观与公正、专业胜任能力与应有的关注、保密和良好职业行为。

1. 诚信

诚信，即诚实、守信。在现代市场经济体系中，信用是连接各市场经济主体的重要桥梁和纽带。一旦信用体系发生崩溃，整个行业就会受到重创。例如，食品行业频繁爆出的食品质量安全问题，就破坏了食品消费者与生产者之间的信任关系，使得整个食品行业的社会认可度和信任度大幅下降。因此，诚信是市场经济良性发展的基础，注册会计师行业也不例外。

注册会计师自产生以来就是以社会中介服务机构的身份存在于市

场中，是市场经济的产物，是经济信息的鉴证者。在社会主义市场经济条件下，会计信息质量非常重要。会计信息使用者需要根据会计信息的内容进行经济决策，因此，会计信息质量的高低直接影响着社会资源的有效配置。注册会计师对会计信息进行鉴证并发表意见，能够增强会计信息的可靠性和可信赖性，是保证会计信息质量的重要一环。也就是说，审计服务本身就是在搭建会计信息使用者和会计信息提供者之间的信用桥梁，维护他们之间的信任纽带。那自然而然，注册会计师自身就必须诚实守信，行为必须公正，不能提供不准确甚至虚假的资信资料、审计报告等信息，否则，信任关系就会崩溃。因此，对注册会计师行业来说，诚信应作为其职业道德的重要部分，不仅是为了适应市场经济的需要，更重要的是诚信是其生存之本，没有诚信，这个行业就没有存在的必要。独立审计业务作为注册会计师行业最基本的业务，其之所以能够存在几百年，就是因为社会公众对注册会计师的信任，而社会公众的信任是建立在注册会计师诚信的基础上的。

诚信原则要求注册会计师应当在所有的职业活动中，保持正直，诚实守信，秉公办事，实事求是。注册会计师如果认为业务报告、申报资料或其他信息存在下列问题，则不得与有问题的信息发生牵连：

（1）含有严重虚假或误导性的陈述；

（2）含有缺少充分依据的陈述或信息；

（3）存在遗漏或含糊其词的信息。

注册会计师如果注意到已与有问题的信息发生牵连，应当采取措施消除牵连。在鉴证业务中，如果存在注册会计师依据执业准则出具了恰当的非标准业务报告，不被视为违反上述要求。

2. 独立性

独立性原则是指注册会计师执行审计或其他鉴证业务时，应当在形式上和实质上独立于委托单位和其他组织，并从整体层面和具体业务层面采取措施，以保持会计师事务所和项目组的独立性，不得因任何利害关系影响其客观性。

所谓实质上的独立，是指注册会计师与委托单位之间必须实实在在地毫无利害关系，本质上是指注册会计师在审计过程中保持公正无偏的态度，公正执业，保持客观和专业怀疑态度，其专业判断和审计意见不受外界因素的影响，不依赖和屈从于外界的各种诱惑和压力。它要求注册会计师在执业过程中严格保持超然性，不能主观偏袒任何一方当事人，尤其不应使自己的结论依附和屈从于持反对意见利益集团或人士的影响和压力。

所谓形式上的独立，又称“形体独立性”“外在独立性”或“表面独立性”，即注册会计师必须在第三者面前呈现一种独立于委托单位的身份。如果注册会计师具备了实质上的独立，但是报表使用者却认为他们是客户的辩护人，那么审计的作用就会大大降低。因此，报表使用者对这种实质上的独立性的信任也很重要，这种信任使得注册会计师必须具备形式上的独立性。具体是指审计人员必须与委托人和被审计单位没有任何特殊的利益关系，如不得在客户中有直接经济利益、不能是客户的贷款人、不得与客户存在近亲关系等。

独立性是现代审计中的一个十分重要的概念，是注册会计师审计的精髓，是注册会计师执行鉴证业务的灵魂，因为注册会计师要以自身的信誉向社会公众表明，被审计单位的财务报表是真实与公允的。独立性是客观公正的基础，没有审计的独立性，就没有审计的公正性。独立性是当今世界各国审计理论与实务中普遍遵循的一项最基本的原则。

在承办具体鉴证业务时，会计师事务所维护其独立性的措施包括：

（1）与客户的董事会及其审计委员会讨论独立性问题。

（2）向客户的董事会及其审计委员会告知服务的性质、范围和收费标准。

（3）注册会计师不得兼营或兼任不相容业务或职务，如不得兼任客户的经常性工作，支领工作性薪金或担任客户的常年会计顾问等。

（4）建立审计小组以外的注册会计师进行复核的制度。

（5）实行定期轮换项目负责人和签字注册会计师的制度。

（6）当审计小组成员独立性受到损害时，实行业务回避制度。对于向客户提供的鉴证业务，要求会计师事务所、审计小组成员独立于该客户。如果会计师事务所与客户存在可能损害独立性的利害关系，则不得承接其委托的审计或其他鉴证业务。注册会计师与委托单位存在有关利害关系时，应向所在的会计师事务所声明，并实行回避制度。

会计师事务所和审计小组成员有责任综合考虑执业环境、对独立性的威胁和能够消除威胁或将其降至可接受水平的可能性，建立审计独立性的维护措施。

3. 客观性和公正性

客观性和公正性原则是指注册会计师在提供审计业务服务时，必须具备正直、诚实的品质，对审计事项的调查、判断和意见表述应当基于客观公正的立场，力求公平，以客观事实为依据，实事求是，不依据个人的主观意愿，也不为委托单位或第三者的意见所左右。注册会计师不得因个人好恶、成见或偏见、利益冲突和他人影响而损害自己的专业判断，不得牺牲一方利益使另一方受益。注册会计师都应维护其专业服务的公正性，这将有助于巩固执业人员良好的道德观，有利于职业道德准则中其他条款的贯彻实施。

4. 专业胜任能力

专业胜任能力是指相关人员具备从事一定领域的工作或者可以处理好特定行业事项的能力。注册会计师必须具有专业知识、技能和经验，能够经济、有效地完成客户委托的业务。而且一个合格的注册会计师，不仅要充分认识自己的能力，对自己充满信心，更重要的是，必须清醒地认识到自己在专业胜任能力方面存在的不足，能够持续了解和掌握相关的专业技术和业务的发展，以保持专业胜任能力。

如果注册会计师不具备相应的业务知识和专业能力，或者审计人员不能保持和提高专业胜任能力，就难以完成客户委托的业务。在这种情况下，注册会计师不应当承接或从事该类不能胜任的业务。

在一些特殊行业或鉴证业务中，注册会计师往往需要聘请其他专家协助工作才能胜任。在利用专家工作时，注册会计师需要对专家遵循职业道德的情况进行监督和指导。如果审计业务需要助理人员进行协助，则需要对助理人员的业务能力进行评价，看其是否能够胜任所分派的工作；在执行业务之前，应就项目的性质、时间、范围、方法等对业务助理人员进行必要的培训；在业务执行过程中，应对业务助理人员予以切实的指导、监督、检查，包括复核其工作底稿，并对其审计工作结果负责。

5. 保密性

注册会计师在执行审计业务的过程中，为能充分了解被审计单位的业务情况，需要经常与被审计单位的财务人员及相关部门进行联络，并就单位财务信息及业务资料进行沟通和交流。在信息沟通和交流的过程中，必然会涉及企业的商业秘密。由于商业秘密具有高度敏感性，如果一旦泄露，往往会给客户带来经济利益的损失。也就是说，注册会计师能否与客户进行畅通无阻的信息沟通与交流，其中一个重要因素取决于注册会计师能否保守所获取的商业机密。如果被审计单位对注册会计师缺乏信任，那审计业务也就无法顺利开展。因此，注册会计师在签订审计业务时，应书面承诺对在执行业务过程中所获取的商业机密进行保密。

《职业道德守则》中规定，注册会计师应当对职业活动中获知的涉密信息保密，不得有下列行为：

（1）未经客户授权或法律法规允许，向会计师事务所以外的第三方披露其所获知的涉密信息；

（2）利用所获知的涉密信息为自己或第三方谋取利益。

这里的保密义务包括：注册会计师应当对拟接受的客户或拟受雇的工作单位向其披露的涉密信息保密；注册会计师应当对所在会计师事务所的涉密信息保密；注册会计师在社会交往中应当履行保密义务，警惕无意泄密的可能性，特别是警惕无意向近亲属或关系密切的人员泄密的可能性；注册会计师应当采取措施，确保下级员工以及提供建议和帮助的人员履行保密义务；在终止与客户的关系后，注册会计师应当对以前职业活动中获知的涉密信息保密；如果获得新客户，注册会计师可以利用以前的经验，但不得利用或披露以前职业活动中获知的涉密信息。

但如果发生以下几种情形，注册会计师可以披露涉密信息：

（1）法律法规允许披露，并取得客户的授权；

（2）根据法律法规的要求，为法律诉讼、仲裁准备文件或提供证据，以及向监管机构报告所发现的违法行为；

（3）法律法规允许的情况下，在法律诉讼、仲裁中维护自己的合法权益；

（4）接受注册会计师协会或监管机构的执业质量检查，答复其询问和调查；

（5）法律法规、执业准则和职业道德规范规定的其他情形。

除此以外，注册会计师在决定是否披露涉密信息时，注册会计师应当考虑下列因素：

（1）客户同意披露的涉密信息，是否为法律法规所禁止；

（2）如果客户同意披露涉密信息，是否会损害利害关系人的利益；

（3）是否已了解和证实所有相关信息；

（4）信息披露的方式和对象；

（5）可能承担的法律责任和后果。①

6. 职业行为

任何行业的生存和发展都取决于其能否实现社会期望，即行业从业人员能否很好地履行其职业责任和义务，注册会计师行业也不例外。审计服务本身就是会计信息使用者和会计信息提供者之间的信任纽带，

---

① 中国注册会计师协会．中国注册会计师职业道德守则［Z］．2010.

依靠的是会计信息使用者对审计工作质量的信赖，良好的职业声誉就是审计行业赖以生存的命脉。因此，注册会计师必须遵循《职业道德守则》的要求，规范职业行为，维护良好的职业声誉。

注册会计师在执业过程中应履行对社会公众、客户和同行的责任。

（1）对社会公众的责任

虽然注册会计师是接受被审计单位委托，对会计报表发表鉴证意见，但审计报告的实际受益人却是广大社会公众，这就决定了注册会计师对社会公众负有不可推卸的责任，需要维护社会公众的利益。这就要求注册会计师必须遵守相关法律法规，诚实、独立、客观、公正地发表审计意见，避免发生任何损害职业声誉的行为。

（2）对客户的责任

注册会计师一旦接受审计委托，签订审计业务，就必须履行对客户的责任。

①注册会计师在维护社会公众利益的前提下，需要按照审计业务约定的时间、范围，详细开展审计业务，查阅会计资料，形成审计工作底稿，发表审计意见，竭诚为客户服务。

②对于在执行审计业务过程中所知悉的商业秘密，注册会计师必须进行保密，并不得利用其为自己或他人谋取利益。

③注册会计师运用专业技能和知识为客户提供专业审计服务，有权向被审计单位收取费用，但费用的多少，应以服务性质、工作量大小、参加人员层次的高低等为主要依据，按照规定标准合理收费。

收费需要考虑的因素包括：①专业服务所需的知识和技能；②所需专业人员的水平和经验；③每一专业人员提供服务所需的时间；④提供专业服务所需承担的责任。

注册会计师在收取报酬的过程中，不得出现以下几种行为：

①低价竞争

在市场经济条件下，会计师事务所之间的竞争是客观存在的，国际四大会计师事务所、国内各大中小型会计师事务所共同抢占客户资源。但是，注册会计师的竞争与其他商业竞争是不同的。如果注册会计师行业存在过度竞争，特别是低价竞争，就会使得注册会计师面临较大的时间和预算压力，那必然导致会计师事务所缩减审计人员数量和审计服务时间，简化审计工作流程，其结果就是降低审计工作质量。而且低价竞争会使会计师事务所处于相对比较被动的地位，为抢占客户资源，可能会接受被审计单位的不合理要求，削弱注册会计师的审计独立性。

②或有收费

或有收费是指注册会计师与被审计单位签订审计业务约定书时未具体明确审计收费的金额，收费与否或收费多少以审计工作结果或实现特定目的为条件，包括收费与否型或有收费和收费水平型或有收费。其中，收费与否型或有收费是指注册会计师必须按照审计客户的要求发表标准无保留意见的审计报告，否则审计客户将不付费；而收费水平型或有收费是指审计客户按照注册会计师审计后的净利润水平高低进行付费。无论注册会计师是按照上述哪种或有收费方式收费，都会导致注册会计师在审计业务执行过程中，无法秉承客观、公正的基本原则，从而发表不恰当的审计意见，损害社会公众的利益。

③以支付佣金的形式招揽业务

注册会计师及其所在会计师事务所不得以向他人支付佣金等不正当方式招揽业务；不得因向第三方推荐客户而收取佣金；也不得向客户或通过客户获取服务费之外的任何利益，包括经济利益和非经济利益。会计师事务所和注册会计师不得因宣传他人的产品或服务而收取佣金，这会导致注册会计师丧失形式上的独立性，影响其社会声誉。

（3）对同行的责任

虽然在市场经济中我们经常说“商场如战场”“同行是冤家”，但是一个职业领域的良性发展需要的却是行业内的所有从业人员共同努力，共同遵守游戏规则，否则就会一片混乱。注册会计师在执业过程中也是如此，应当与同行保持良好的工作关系，共同遵守职业道德标准。具体表现为以下几个方面：

①注册会计师不得以个人名义同时在两家或两家以上的会计师事务所执业。

②会计师事务所不得以不正当手段与同行争揽业务。

③会计师事务所不得雇用正在其他会计师事务所执业的注册会计师。

④会计师事务所不得诋毁同行，不得损害同行利益。

⑤会计师事务所、注册会计师应与同行保持良好的工作关系，配合同行工作，注册会计师在同行当中需要妥善处理好前后任之间的关系。

在接受审计业务委托前，后任注册会计师应与前任注册会计师取得联系，询问审计客户变更会计师事务所的原因，并关注前任会计师事务所与审计客户之间在重大会计、审计问题上可能存在的意见分歧；前任注册会计师有责任对后任注册会计师的工作给予支持和合作，根据所了解的情况对后任注册会计师的询问做出及时、充分的答复。如果受到审计客户的限制或者存在法律诉讼的顾虑无法做出充分答复时，前任注册会计师需向后任会计师予以解释说明。根据前后任注册会计师之间的沟通结果，后任注册会计师确定是否接受审计委托。后任注册会计师在接任前任注册会计师的审计业务时，不得蓄意侵害前任注册会计师的合法权益。接受委托后，如果需要查阅前任注册会计师的工作底稿，后任注册会计师应当争得被审计单位同意，并与前任注册会计师进行沟通。

（4）其他责任

除了上述对社会公众、客户和同行的责任之外，注册会计师在业务承接及广告宣传等方面也需承担一定的责任。具体包括：

①由于注册会计师的服务质量及能力无法由广告内容加以评估，而且广告可能导致同行之间的不正当竞争，因此，注册会计师及其所在会计师事务所不得对其能力进行广告宣传以招揽业务。但刊登设立、

合并、分离、解散、迁址、名称变更、招聘员工等信息以及注册会计师协会为会员所做的统一宣传不在此列。

②会计师事务所和注册会计师不得采用强迫、欺诈、利诱或骚扰等方式招揽业务。

③注册会计师应当维护职业形象，不得有可能损害职业形象的行为。

第二节　专业胜任能力

审计作为监督、评价企业财务报告真实性和可靠性的重要工具，理应在维护社会经济秩序中发挥作用，而其作用的发挥情况取决于注册会计师的审计工作质量。审计工作质量受多项因素影响，其中最基本的影响因素就是注册会计师的专业胜任能力。

专业胜任能力是指相关人员具备从事一定领域的工作或者可以处理好特定行业事项的一种能力，通常与进入某一行业所需要的一种特定资格相联系。具有这种资格的人员一定程度上说是具有该特定行业的专业胜任能力的，此外还需要一定的社会经验相辅助。审计人员专业胜任能力，是指审计人员能够在实务工作环境中按照设定的标准完成工作任务，是以审计师的专业素质为基础的。

一、专业胜任能力的基本内容

2007 年 10 月 11 日，为满足社会经济发展对注册会计师胜任能力日益提高的要求，提供注册会计师培养和选拔的衡量标准，中国注册会计师协会起草并发布了《中国注册会计师胜任能力指南》，明确了注册会计师应当具有的专业素质和实务经历。

专业素质是指注册会计师为实现胜任能力而应当具有的专业知识、职业技能、职业价值观、道德与态度。对处于不同职业阶段的注册会计师，其专业素质的水平存在差异，且需要通过终身学习加以培养、保持和提高。①

（一）专业知识

注册会计师在承担审计业务时首先应该具备足够的专业知识，以便能够在日益复杂、不断变化的职业环境中胜任工作，专业知识可用以培养职业技能。注册会计师需要具备的专业知识是不断变化和扩展的，从事特定环境或行业所需要的专业知识也存在差异，因此，培养终身学习的技能、态度和价值观比学习知识本身更为重要，注册会计师应当持续更新其专业知识。注册会计师应当具备的专业知识包括：会计、审计、财务、税务、相关法律及相关知识；组织和企业知识；信息技术知识。

1. 会计、审计、财务、税务、相关法律及相关知识

会计、审计、财务、税务、相关法律及相关知识至少应当涵盖下列学科领域：

（1）财务会计与报告；

（2）管理会计与内部控制；

（3）税务；

（4）经济法与商法；

（5）审计、审阅及其他鉴证业务；

（6）金融与财务管理；

（7）资产和负债的估价；

（8）职业价值观与道德。

会计、审计、财务、税务、相关法律及相关知识的内容至少应当包括：

（1）会计职业与会计思想史；

（2）供内部和外部使用的有关组织运营的报告的内容、概念、结

① 中国注册会计师协会．中国注册会计师胜任能力指南［Z］．2007.

构与含义；

（3）中国企业会计准则和中国注册会计师执业准则以及国际财务报告准则和国际审计准则；

（4）会计监管；

（5）管理会计，包括计划、预算、成本管理、质量控制、业绩衡量与评价；

（6）内部控制知识，包括控制的概念、方法与程序；

（7）税务及其对财务和管理决策的影响；

（8）经济和商业法律环境知识；

（9）审计、审阅及其他鉴证服务的知识，包括风险评估和舞弊检查以及在执行审计、审阅和其他鉴证服务时所实施的程序；

（10）金融与财务管理知识，包括财务报表分析、金融工具、国内与国际资本市场及资源管理；

（11）资产和负债估价的知识；

（12）注册会计师的职业责任，包括道德责任和法律责任；

（13）政府和非营利组织会计；

（14）在企业中对非财务业绩指标的应用。

2. 组织和企业知识

注册会计师要想较好地完成审计业务，除具备会计、审计基本知识外，还需要对财务信息背后的整个商务运作有所了解，这就要求注册会计师具备一定的组织和企业知识。组织和企业知识能够提供有关客户运营及其环境的知识，虽然不等同于要求注册会计师具备承担、参与管理的能力和经验，但能为其职业技能的运用提供帮助。

组织和企业知识包括企业、政府及非营利组织如何组织、如何筹资、如何管理及其运营环境的知识。组织和企业知识至少应当涵盖下列学科领域：

（1）经济学；

（2）商业环境；

（3）公司治理；

（4）商业道德；

（5）金融市场；

（6）定量方法；

（7）组织行为；

（8）管理和战略决策；

（9）市场营销；

（10）国际商务与全球化。

组织和企业知识的内容至少应当包括：

（1）宏观经济学和微观经济学；

（2）企业与金融市场及其运作；

（3）定量方法和统计学在商业中的应用；

（4）公司治理和商业道德；

（5）组织及其运营的环境，包括主要的经济、法律、政治、社会、技术、国际和文化因素，以及这些因素的影响和作用；

（6）环境保护问题和可持续发展；

（7）组织中的人际关系和团队协调，包括发起和应对组织变革的方法；

（8）人事和人力资源问题；

（9）项目管理；

（10）决策支持和战略，包括商业建议、战略管理和一般管理；

（11）组织风险和运营风险；

（12）市场营销的有关知识；

（13）国际贸易、国际金融、国际商务以及全球化进程的基本知识；

（14）如何根据战略目标对上述内容进行整合。

3. 信息技术知识

现代信息技术的发展已经在较大程度上改变了人们的生产生活方

式，现代信息技术在企业经营活动中的使用已经较为普及。信息技术的变化要求注册会计师必须与时俱进，不仅应当具备使用信息系统、应用信息技术控制的技能，还应当能够与团队一起在评价、设计和管理信息系统方面发挥重要作用。

信息技术知识至少应当涵盖下列学科领域：

（1）信息技术的基本知识；

（2）信息技术内部控制的相关知识；

（3）应用信息技术的相关知识；

（4）信息系统的评价、设计和管理知识。

信息技术知识的内容至少应当包括：

（1）组织和会计信息系统；

（2）个人系统应用控制相关知识；

（3）信息系统在组织和会计中的应用，特别是财务会计与报告信息系统及其相关的现实问题与发展；

（4）财务会计与报告信息系统中的控制评价与风险评估框架。

（二）职业技能

职业技能是指注册会计师应当具备在职业环境中能合理、有效地运用专业知识、职业价值观、道德与态度的各类职业技能。职业技能可以通过普通教育、职业教育和实务经历等多种途径获得，并通过终身学习不断拓展。

注册会计师需要的职业技能包括下列五类：

（1）智力技能；

（2）技术和功能技能；

（3）个人技能；

（4）人际和沟通技能；

（5）组织和企业管理技能。

1. 智力技能

智力技能通常可分为六个层次（按照由低到高的顺序）：

（1）知悉；

（2）理解；

（3）应用；

（4）分析；

（5）综合；

（6）评价。

智力技能有助于注册会计师在复杂的组织环境中解决问题、做出决策及适当运用判断。在取得执业资格时，注册会计师应当已经具备最高层次的智力技能。

注册会计师需要的智力技能包括：

（1）能够对不同来源的信息进行识别、获取、组织及理解；

（2）能够进行调查、研究、逻辑思考与分析、推理及质疑；

（3）能够识别和解决无既定模式的问题（特别是在陌生环境中）。

2. 技术和功能技能

技术和功能技能包括一般技能和与会计工作相关的技能，具体包括：

（1）数理能力；

（2）信息技术能力，包括应用和控制信息技术的能力以及作为信息系统评价者、设计者或管理者的能力；

（3）决策建模和风险分析；

（4）计量；

（5）报告；

（6）遵循法律法规。

3. 个人技能

个人技能与注册会计师的态度和行为有关，个人技能的培养有助于注册会计师个体的学习与进步。

注册会计师需要的个人技能包括：

（1）能够自我管理；

（2）具有创造力、影响力和自学能力；

（3）能够在有限的资源中选择和配置优先完成的工作，并能够按照设定的工作时限组织和完成工作；

（4）能够预见和适应变化；

（5）能够在决策过程中考虑职业价值观、道德与态度；

（6）能够保持职业怀疑态度。

4. 人际和沟通技能

人际和沟通技能有助于注册会计师基于组织的共同利益与他人共事，接受和传递信息，形成合理判断，并做出有效决策。

注册会计师需要的人际和沟通技能包括：

（1）能够与他人协商共事，并能够承受和解决冲突；

（2）具备团队工作能力；

（3）能够与不同文化背景或不同智力水平的人员交流；

（4）能够在职业环境中协商形成解决方案或达成一致意见；

（5）能够通过正式或非正式、书面或口头的沟通方式，有效地表达、讨论、报告及辩护观点；

（6）能够进行有效的听取和阅读，包括对文化和语言的差异保持敏感；

（7）能够在跨文化环境中有效工作。

5. 组织和企业管理技能

组织和企业管理技能有助于注册会计师培养广阔的商业视角、管理意识和全球视野。

注册会计师需要的组织和企业管理技能包括：

（1）能够进行战略规划、项目管理、人力管理、资源管理及制定决策；

（2）能够组织和分派任务，激励员工并发掘其潜能；

（3）具备领导能力；

（4）具备职业判断能力和洞察力。

除上述职业技能外，在审计业务中，注册会计师应当格外重视对下列高层次职业技能的培养：

（1）能够应用相关审计准则；

（2）能够评价被审计单位对相关财务报告准则的应用情况；

（3）能够进行调查和抽象逻辑思维，并以质疑的态度进行分析；

（4）保持职业怀疑态度；

（5）能够运用职业判断；

（6）具备承受和解决冲突的能力。

（三）职业价值观、道德与态度

接受和遵循职业价值观、道德与态度有助于注册会计师进行职业判断，并在职业行为中考虑社会和行业的利益。是否接受和遵循职业价值观、道德与态度的要求，是区分注册会计师与其他人员的重要标志。

注册会计师应当遵循的基本职业价值观、道德与态度包括：

（1）维护公众利益，在审计、审阅和其他鉴证业务中恪守独立、客观、公正的原则；

（2）通过终身学习，培养、保持和提高胜任能力，并保持应有的职业谨慎；

（3）对执业过程中获知的客户信息保密；

（4）职业行为恰当，包括合理确定专业服务收费，不收取或不支付佣金，不从事与执行鉴证业务不相容的工作，保持与同行的良好工作关系，不对自身能力做广告，以恰当的方式进行业务招揽和宣传等。

在审计、审阅和其他鉴证业务中，注册会计师应当特别重视基本道德原则在职业环境中的实现途径和运用、不道德行为的后果以及道德困境的解决途径。

注册会计师应当在执业过程中始终关注可能存在的新的道德要求及其与自身工作的冲突，并对行业组织和社会公众有关注册会计师职业道德的最新期望保持敏感。

二、专业胜任能力的要求

（一）专业素质的要求

为提供高质量的专业服务，注册会计师必须具备一定的职业品德、学识与经验、专业训练与足够的分析、判断能力。如果注册会计师不能保持和提高专业胜任能力，就难以完成客户委托的业务，也就无法从根本上满足社会公众对注册会计师的需求。事实上，如果注册会计师在缺乏足够的专业知识、技能或经验的情况下提供专业服务，就构成了一种欺诈。因此，一个合格的注册会计师不仅要充分认识自己的能力，对自己充满信心，更重要的是，必须清楚地认识到自己在专业胜任能力方面的不足，不承接自己不能胜任的业务。

注册会计师应当通过教育、培训和执业时间获取和保持专业胜任能力。注册会计师应当持续了解并掌握当前法律、技术和实务的发展变化，将专业知识和技能始终保持在应有的水平，确保为客户提供具有专业水准的服务。在应用专业知识和技能时，注册会计师应当合理运用职业判断。

（二）应有的关注

注册会计师应当保持应有的关注，遵守执业准则和职业道德规范的要求，勤勉尽责，认真、全面、及时地完成工作任务。在审计过程中，注册会计师应当保持职业怀疑态度，运用专业知识、技能和经验，获取和评价审计证据。职业怀疑态度是指注册会计师以质疑的思维方式评价所获取证据的有效性，并对相互矛盾的证据，以及引起对文件记录或责任方提供的信息的可靠性产生怀疑的证据保持警觉。注册会计师应当采取适当措施，确保在其领导下工作的人员得到应有的培训和督导。在适当情况下，注册会计师应当使客户以及业务报告的其他使用者了解审计服务的固有局限性。

第三节　沟通、写作和其他能力

一、沟通能力

注册会计师在审计执业过程中，需就相关审计事项、审计依据、审计结论或建议，与被审计单位进行积极有效的探讨和交流。

审计沟通是审计工作中不可缺少的一部分，是贯穿于整个审计过程的一项重要工作。在常规审计的各个环节，与被审计单位进行全面、有效的沟通，可以增进彼此的了解，使被审计单位不仅知其然，更知其所以然，促使双方建立良好的工作关系，取得被审计单位的理解和协助，保证执业质量，提高审计效果与效率，促使审计工作顺利进行。

常规审计沟通的内容包括：

1. 审计计划阶段的沟通

（1）接受委托前就被审单位基本情况的了解沟通；

（2）签订业务约定书时就各项约定内容的沟通；

（3）编制审计计划时就评估审计风险资料、客观环境变化等的沟通。

2. 审计实施阶段的沟通

（1）审计计划中确定的需要被审单位协助的工作；

（2）管理当局对有关事项的解释、声明及提供的其他证据；

（3）可能导致会计报表发生重大错报风险的会计认定；

（4）已发现的重大错误、舞弊或违法行为；

（5）审计工作受到的限制和阻碍。

3. 审计完成阶段的沟通

（1）有关会计报表的分歧；

（2）需要做出审计调整的重大会计事项；

（3）会计信息披露中存在的可能导致修改审计报告的重大问题，如期后事项等；

（4）可能危及持续经营能力等的重大风险；

（5）审计意见的类型及审计报告的措辞；

（6）拟提出的关于内部控制方面的意见和建议；

（7）与已审会计报表一同披露的其他信息的沟通。

在审计沟通的过程中，注册会计师可以采取口头沟通和书面沟通两种方式。其中，口头方式最常用，如注册会计师向管理当局询问有关审计单位的基本情况，或与管理当局就审计中发现的有关问题进行讨论等。但对于某些重要事项，注册会计师也可以采用书面方式进行沟通。

为确保审计沟通能够友好、和谐地进行，注册会计师应具备一定的沟通能力。具体包括：

1. 明确目的

审计沟通前做好准备，审计沟通时要有针对性，不要事无巨细地沟通询问，要注意快捷准确，以点带面，缩短沟通时间。

2. 巧妙提问

审计沟通除了要围绕审计目标，精列要点，做到深浅适度外，还要讲究提问的巧妙，要避免指责性或领导性口吻。

3. 选择环境

选择合适的沟通场所，创造良好的沟通环境，会使受访者更乐意配合工作。例如，选择在受访者的工作场所进行沟通，将有助于现场了解业务过程；在沟通涉嫌舞弊者时，选择降低受访者心理紧张情绪的环境将有利于沟通。

4. 考虑人数

审计沟通可以选择一对一的讨论或是召开座谈会等形式的多人互动。但通常过多的沟通者会给受访者造成心理上的压力，会阻碍沟通；如果主要进行没有威胁性的沟通来了解商业运作的过程，此时多人互动更有利于全面获取信息。

5. 控制时间

每次沟通很可能已经干扰了受访者的正常工作，因此尊重受访者的时间非常重要。审计人员可以预先设定一个时间限制，尽量不超过1小时；如果预估沟通会超过1小时，最好分步进行。

6. 适当闲聊

沟通最好以非攻击性的问题开始，或者是采用尊重的态度，进行非正式的谈话，但应尽量避免与受访者进行私人话题的讨论，应紧扣即将涉及的业务事项，必须避免与受访者建立某种个人关系，以免影响独立性。另外，闲聊适当不适当，还取决于沟通的目的和受访者的性格。

7. 耐心倾听

理想的沟通应该有80%的时间是受访者在谈，审计人员应尽量少“说”多“听”，创造信任气氛，取得对方信任，使之愿意提供信息。如果缺乏信任，沟通就会像挤牙膏，双方都会很痛苦。如果缺乏耐心，急于得出结果，可能就会让受访者感到不舒适，反而影响沟通的效果。审计人员倾听时，要注意抓住被调查对象所提供的资料、证言、证据之间的相互矛盾之处，在耐心倾听中出其不意地用其矛攻其盾，在对方难以自圆其说的情况下，很可能会道出真情原委。

8. 注意语言

审计沟通时，审计人员不仅要注意说话的内容，还要注意语速、语调和身体语言。作为审计人员，要尽量避免表现惊奇或疑问，要通过身体语言表明真诚，表现出是提供帮助而不是进行责备，将会容易得到沟通合作。

二、写作能力

在审计实务中，审计人员需要经常与各种书面材料打交道。例如，审计工作开始前，需要撰写审计工作计划、审计方案；审计业务开展过程中需要撰写审计项目结论；审计工作结束后，需要撰写审计报告、工作总结、向上级报送的审计要情；等等。审计报告质量的高低，直接影响着审计成果。审计报告必须做到重点突出，层次分明，有理有据，用词准确，文句通顺。因此，写作能力也是审计人员的一项基本功，注册会计师要注意培养和提高文字表达能力，不仅会写还要写得清楚。如果没有较强的文笔功底，不具备相应的写作能力，就不能胜任相应的审计工作。

三、其他能力

注册会计师除应具备上述能力之外，还应注意以下能力的培养和训练。

（一）组织协调能力

审计是一项有计划、有组织的活动，牵扯到各方面的人和事。例如，审计前审计工作小组人员和时间的安排需要取得单位领导的支持；审计过程中如何取得被审计单位的配合；审计后如何取得被审计单位的理解和支持；联合审计中如何处理与被联合者的关系；等等。这就要求审计人员具备较强的组织协调能力，排除干扰，为审计工作营造良好的工作氛围。

（二）洞察辨析能力

在审计过程中，由于审计对象多种多样，审计事项纷繁复杂，舞弊手段日益隐蔽，这就使审计工作更加具有难度。因此，审计人员必须保持头脑清醒，目光敏锐，能够洞察秋毫，善于从海量数据中切中要害，在蛛丝马迹中发现线索。

（三）综合分析能力

审计过程本身就是通过大量的调查取证，去粗取精、去伪存真的过程，而不仅仅是在审计工作底稿上对审计事项进行简单罗列。因此，面对大量的取证材料，注册会计师必须善于对审计资料进行加工梳理、归纳总结、综合分析、相互印证，为最终审计意见的出具提供依据。

（四）心理承受能力

审计人员在艰巨复杂的审计环境中，会面临来自各方的压力，如政治因素、道德因素、亲情友情、人际关系、风俗习惯、恐吓利诱等，这些都对审计人员的心理产生强烈的冲击。审计人员必须具备良好的抗压心理素质，才能顶住压力，从容面对出现的各种问题，在法律准绳、道德底线、组织原则、人情世故中寻找平衡点。不为权所屈，不为情所困，不为利所诱，在任何情况下都坚定自若，保持良好心态，既能处理好方方面面的关系，又能不辱使命，忠实地履行审计的职责。

本章小结

审计师应该是“德才兼备”。首先，应该具备良好的职业道德，遵守相关职业道德的要求。其次，能够具备专业胜任能力，根据实际情况做出职业判断。审计师还需要具备良好的沟通能力、写作能力和表达能力，这是审计工作顺利开展的必要条件。此外，审计师还应该注重心理素质的培养，增强抗压能力。

第四章

走进审计:审计工作流程

◎**知识目标**:了解审计模式的演进过程,了解风险导向审计模式产生的原因,了解各种审计技术方法,了解审计报告的作用、要素和类型。

◎**能力目标**:理解风险导向审计与其他审计模式的区别,能够运用基本的审计技术方法,掌握不同意见类型审计报告的出具条件。

第一节 审计方法概述

审计方法是指审计人员为了行使审计职能、完成审计任务、达到审计目标所采取的方式、手段和技术的总称。审计方法贯穿于整个审计工作过程，而不只存于某一审计阶段或某几个环节。审计工作从制定审计计划开始，直至出具审计报告，都有运用审计方法的问题。

随着审计实践的丰富与审计理论的发展，审计方法经历了由简单到复杂、由低级到高级、由个别到群体的漫长的历史演变，逐渐形成有系统的方法体系。在漫长的历史发展过程中，通过不断的借鉴、吸收与创新，审计方法走出了自己的一条发展道路。

一、审计模式的演进及其内在动因

审计模式是指为了实现特定的审计目标所采取的审计策略、方式和方法的总称，它规定了审计取证工作的切入点，规定了审计人员在实施审计工作时，从何处入手、如何入手、何时入手等问题。

伴随着审计的产生和发展，审计模式依次经历了账项导向审计模式、制度导向审计模式和风险导向审计模式。

（一）账项导向审计模式

19 世纪以前，审计业刚刚出现。该时期，企业无论是从管理结构还是从业务上，都较为简单。由于企业规模小，经济业务单一，审计人员的主要任务是查出错报和防止舞弊，以详细审计为主，即从企业的原始凭证入手，进而查证企业的凭证、账簿和会计报表的金额以及互相之间的钩稽关系。如果账证、账账、账表是相符的，就认为财务报表反映的情况是真实的。这种审计方法被称作账项导向审计模式。随着企业规模的扩大以及企业经济业务的复杂化，审计人员逐步对账表的核对采用抽查法，这种方法虽然提高了效率，但是抽样的样本完全是建立在审计人员自己的经验主观判断上，因此加大了审计人员的审计风险。虽然账项导向审计在一段时间内在审计人员审理小型企业时发挥了很重要的作用，但随着企业规模的扩大和经济业务的复杂，这种审计方法逐渐表现出不足，具体如下：一方面账项导向审计仅仅局限于账证、账账、账表之间的相符合，但随着舞弊行为的多样化，这种方法很难保证有效查错防弊；另一方面，采用抽样的方法进行审计，已经不能完全保证抽样的准确性和可靠性，审计的质量和效率也大大下降。逐渐地，审计人员将审计的领域扩大到相关的业务领域，开始运用存货监盘、账款函证等审计程序，为审计模式通向制度导向审计模式奠定了基础。

账项导向审计模式的优点是由于审计人员几乎对所有的账簿和凭证都进行细致入微的检查，因此审计结果的准确性高，出现误差的可能性低，相应的审计风险也比较低。其缺点是审计人员要将大量的时间和精力投入到账簿、凭证和报表的审核当中，大大延长了审计时间，降低了审计效率。尤其是对于业务量大的企业，详细审计几乎不可能。因此，账项导向审计仅适用于业务较为单一、所处环境较为简单的企业。

（二）制度导向审计模式

19 世纪末，审计行业步入了快速发展时期。企业经营规模和经营业务发生了巨大变化，从以前的小规模发展到大规模，从简单的经济业务发展到复杂经济业务，企业的这些转变迫使企业所有者建立完善的内部控制制度和体系，以解决“事必躬亲”的状态。一个健全的内部控制系统不但能保证会计资料的真实性、合理性和完整性，还能保护资产的安全和完整以及可以防止、发现并纠正错误和舞弊。因此，在这个阶段审计人员也随之将审计的重心转移到对企业内部控制的合理性和有效性进行了解、测试和评估上。这种转变不再是盲目的“大海捞针”，而是有重点的审计，这在大大减少审计人员工作量的同时也提高了审计的工作效率。再加上审计抽样中采用了统计抽样的方法，不仅对审计抽样规模进行了科学的界定，而且还保证了审计的质量。因此，在20世纪40年代，制度导向审计成为审计人员的主要审计方法。同时，对于民间审计的注册会计师资格考试也在当时广泛推行，审计人员的专业素质得到了普遍的提高，审计准则也开始拟定，审计工作逐步走向标准化和规范化。

但是，进入20世纪后半期，制度导向审计存在的缺陷渐渐暴露出来。具体表现在以下几个方面：

1. 制度导向审计的审计模式其建立的基础是：审计人员与被审计单位是“无利害关系假设”的，即审计人员和被审计单位都希望建立一套健全的内部控制制度，这套良好的内部控制制度可以有效地防止和揭露差错和舞弊。按照这种假设，为了有效地减小差错和防止舞弊，被审计单位就承担起如何设计和执行其内部控制制度的重任，为制度导向审计的发展埋下了隐患，并导致了严重的后果。

2. 随着世界范围科学技术和政治经济的巨大变化，企业之间的竞争愈演愈烈，企业所面临的环境越来越复杂，社会对审计提出了更高的要求。制度导向审计仅仅关注的是企业的内部控制制度和控制程序，并以此来确定审计测试的范围、时间和程序。而随着企业规模的扩大及经营业务的复杂化，影响审计风险的因素远远超出了内部控制系统的作用范围，这种从较低层次评估企业风险的做法就暴露出不足性和局限性。

3. 企业的内部控制是制度导向审计首要关注的对象，但其是否能够有效使用受多方面的影响。例如，一个健全的内部控制制度可能受环境改变或执行人员的主观方面的影响而导致控制失效；企业最高层管理者可以轻松地越过内部控制的制约，而进行一些串通舞弊造假的行为。这种表面运行良好的内部控制制度，往往会蒙蔽审计人员的眼睛，导致审计人员出具错误的审计报告。这也是20世纪后半期世界范围内重大管理层欺诈及审计失败案例频繁发生的主要原因，人们开始逐渐认识到在新环境下制度导向审计的不足。

制度导向审计模式的优点是审计人员可以依赖于内部控制，只需实施必要的内部控制测试，减少实施深入到单、证、账、表审查的实质性程序。这样节省了审计资源，缩短了审计时间，提高了审计效率。其缺点是如果企业的内部控制设计不尽合理，或虽然设计合理但未有效运行，那么，企业的内部控制就不值得信赖，尤其是当存在管理层舞弊情形时，内部控制会部分或完全失效。依赖内部控制的审计结论有可能不可靠。因此，制度导向审计模式适用于内部控制制度健全且得到有效运行的企业。

（三）风险导向审计模式

风险导向审计模式是指审计人员在对审计全过程中各种风险因素进行充分评估分析的基础上，将风险控制方法融入传统审计方法中，进而获取审计证据，形成审计结论的一种审计取证模式。它又被分为传统风险导向审计模式和现代风险导向审计模式两种类型。

1. 传统风险导向审计模式

20世纪80年代，随着经济全球化、市场一体化的发展，审计方法体系又面临新的挑战，一种新的以风险防范和风险评估为基础的传统风险导向审计模式逐渐兴起。传统风险导向审计是针对制度导向审计的不足发展起来的，它的审计重点是通过内部控制测试确定可接受的审计风险水平，在此基础上来确定实质性测试的程度和范围。此审计方法开始强调被审计单位所处的经济环境和经营环境，并在此基础上对内部控制进行控制测试，从而评估审计风险（指会计报表存在重大错报或漏报，而审计人员审计后发表不恰当审计意见的可能性）。

传统风险导向审计的审计模型为：

审计风险（AR）=固有风险（IR）×控制风险（CR）×检查风险（DR）

可以看到，传统风险导向审计理论认为审计风险由三部分构成：

固有风险是指在不考虑内部控制的前提下，由于内部因素和客观环境的影响，企业的账户、交易类别和财务报表整体发生重大错报的可能性。固有风险是被审计单位经营过程中所固有的风险，审计人员可以通过获取相关的信息来评价被审计单位的固有风险，最终确定其对审计风险的影响。

控制风险是指被审计单位的业务和相应的会计处理发生重大错弊不能被内部控制防止和纠正的可能性。被审计单位建立内部控制的主要目的之一就是要防止错误和舞弊。如果被审计单位的内部控制制度存在重要缺陷或者不能有效地工作，那么错误和舞弊就会进入被审计单位的财务报表系统，由此产生了控制风险。

检查风险是指某财务报表存在错报，该错报单独或连同其他错报是重大的，但注册会计师未能发现这种错报的可能性。检查风险是针对审计人员来说的。审计人员在开展审计工作时，由于自身能力、经验、审计期限等因素的影响，可能未能检查出报表中存在的错报和漏报，从而引发检查风险。

传统风险导向审计模式的优点是克服前两种审计方法的缺陷。以风险为导向，审计人员将审计资源用到最易出现重大错报的地方，这在一定程度上节约了资源，提高了审计效率。

其缺点是：将固有风险和控制风险割裂开来，认为二者相互独立。实际上，二者的关系十分紧密，共同构成财务报表的重大错报风险。早期风险导向审计从财务报表入手，直接对审计风险进行风险评估，采用“自下而上”的审计思路，这在一开始定位重大错报风险时就会产生一定的偏差。

传统风险导向审计已经能够较好地适应当代企业的要求，但由于其只注重对报表进行分析，忽略了企业的经营风险，这不可避免地会导致审计资源在一定程度上的浪费，其最终会被现代风险导向审计所取代。

2. 现代风险导向审计模式

现代风险导向审计是相对于传统风险导向审计而言的，是立足于对审计风险进行系统的分析和评价，并以此作为出发点，以识别、评估和控制企业的重大错报风险为核心，运用各种分析工具，对所面临的高风险领域进行重点审计，从而来降低检查风险并将其控制到可接受水平的一种审计模式。此方法最大的创新点是从源头上和宏观层面去判断和发现会计报表存在的重大错报，它着眼于全面的控制测试，而不仅仅局限于测试内部控制制度的执行效果。

现代风险导向审计的审计模型为：

审计风险（AR）＝重大错报风险（RMM）×检查风险（DR）

所谓重大错报风险即财务报表在审计前存在重大错报的可能性。

现代风险导向审计模型引入“重大错报风险”概念，为整个审计工作找到了正确的起点及导向。注册会计师应当从财务报表层次和各类交易、账户余额、列报认定层次方面入手考虑重大错报风险，这样在设计审计程序时能合理地确定财务报表整体是否存在重大错报。

财务报表层次重大错报风险与财务报表整体存在广泛联系，可能影响多项认定。此类风险通常与控制环境有关，但也可能与其他因素有关，如经济萧条等。此类风险难以界定于某类交易、账户余额、列报的具体认定。

认定层次的重大错报风险是指注册会计师考虑各类交易、账户余额、列报认定层次的重大错报风险，考虑的结果直接有助于注册会计师确定认定层次上实施的进一步审计程序的性质、时间安排和范围。注册会计师在各类交易、账户余额、列报认定层次获取审计证据，有利于在审计工作完成时，以可接受的低审计风险水平对财务报表整体发表审计意见。

现代风险导向审计不但使重大错报风险意识贯穿于整个审计过

程，而且使重大错报风险评估成为现代风险导向审计整个审计工作的核心和前提，这使注册会计师在实施审计过程中不断降低和克服审计风险，大大提高了审计效率和效果。具体实施过程是：首先从整体上对风险进行评估；其次是了解被审计单位可能产生重大错报的风险，从而对报表层次可能存在的重大错报风险进行评估；最后将报表层次的重大错报风险与认定层次可能发生的错报结合起来，评估审计风险发生的可能性和重大性，并确定实质性测试程序的范围、时间和程序。由此可见，现代风险导向审计是以识别、评估和应对财务报表的重大错报风险为导向，并对被审计单位可能引起重大错报的内外部风险因素进行评估，以确定审计的重点和范围。

二、审计的技术方法

审计的技术方法体现在审计人员了解被审计单位情况、进行风险评估、风险应对、对审计实务实施控制测试和实质性程序等审计程序中。审计的技术方法具体可以分为审查书面资料的方法、证实客观事物的方法和审计调查方法。

（一）审查书面资料的方法

按审查资料的顺序，分为逆查法和顺查法；按审查资料的范围，分为详查法和抽查法；按审查书面资料的技术，分为核对法、审阅法、复算法、比较法、分析法。

1. 按审查资料的顺序分

（1）顺查法

顺查法就是按照经济活动发生的先后顺序，依次从起点查到终点的审计方法。对会计资料的审查是按照会计核算程序的先后顺序，依次审核和分析凭证、账簿和报表。

顺查法的具体做法是首先审查原始凭证及记账凭证，然后进一步结合凭证查账簿，最后根据账簿审阅会计报表。

（2）逆查法

逆查法是按照经济活动进行的相反顺序，从终点查到起点的审计方法。在财务收支审计中，它是按照会计核算程序的相反次序，先审查会计报表，从中发现错弊和问题，然后有针对性地依次审查和分析报表、账簿和凭证。

2. 按审查资料的范围分

（1）详查法

详查法是对被审计单位的全部证账表或某一重要（或可疑）项目所包括的全部账项进行全面、详细的审查。早期的财务审计通常采用这种方法。

详查法通常采取逐笔检查核对的办法。这种方法的优点是对会计工作中的错弊行为均能揭露无遗，能够做出较准确的审计结论，缺点是费时、费力，工作效率很低，审计工作成本昂贵。主要适用于经济活动简单、业务量较少的小单位，以及对审计目标有重大影响且认为产生错误或舞弊的可能性很大的审计项目。

（2）抽查法

抽查法是指从被审计单位的被审计对象中抽取一部分进行审查；根据审查结果，推断审计对象总体有无错误和弊端。其基本特点是：根据审计对象的具体情况和审计目的，经过判断，选取具有代表性的、相对重要的项目作为样本，或者从被审查资料中随机抽取一定数量的样本，然后根据样本的审查结果来推断总体的正确性，或推断其余未抽部分有无错弊。这种方法的关键在于抽取样本，故又称为抽样审计法。

3. 按审计的技术分

按审计技术分，审计方法可分为审阅法、核对法、复算法、比较法和分析法。

（二）证实客观事物的方法

证实客观事物的方法主要有盘存法、鉴定法、调节法。

1. 盘存法

盘存法是指审计人员通过对各项财产物资的实地盘存，检查实物的数量、品种、规格、金额等实际情况，借以确认经济资料和经济活动的真实正确，经济资料与实物是否一致的审计方法。

2. 鉴定法

鉴定法是指审计人员对于需要证实的经济活动、书面资料及财产物资超出审计人员专业胜任能力时，由审计人员另聘有关专家运用相应专门技术和知识加以鉴定证实的办法。例如，对实物性能、质量、价值、书面资料的真伪以及经济活动的合理性、有效性等的鉴定，就超出了一般审计人员的能力，而需要聘请一定数量的工程技术人员、律师等提供鉴定结论，并提供独立的审计证据。这种方法主要适用于涉及较多专门技术问题的审计领域。

3. 调节法

调节法就是当盘点日与书面资料结账日不一致时，为了证实数据的真实性，从一定时点上的数据着手，对盘点日与结存日期间发生的业务进行必要的增减调节，从而验证有关财产物资结账日账面数与实存数是否相符的一种方法。例如，通常运用调节法编制银行存款余额调节表，以便根据银行对账单的余额来验证银行存款账户的余额是否正确。此外，调节法还可用于编制有关财产物资的调节表，来查证财产物资账实是否一致。

（三）审计调查方法

审计实施过程除了审查书面资料和证实客观事物外，还需要对经济资料及客观事物以内或以外的某些客观事实进行内查外调，以判断真相，查找线索，取得审计证据，这就需要审计人员深入实际进行审计调查。审计调查方法包括观察法、查询法、函证法、专题调查法。

实际工作中各种审计技术方法的使用不是孤立的、单一的，通常一项审计工作要运用多种审计方法，相互补充，相互促进，以求尽快查明经济活动和经济资料的正确性、真实性、合法性、合理性和有效性，只有各种方法的“综合利用”才能节省审计资源，提高审计效率。

第二节　现代风险导向审计的特点及流程

现代风险导向审计是以被审计单位的重大错报风险为导向，合理配置审计资源，对风险较大的环节或区域实施重点审计，提高效率、保证效果的一种审计方法。

一、现代风险导向审计产生的背景

（一）社会经济组织之间的依赖性增强

20 世纪 80 年代以后，世界经济急剧变化，科学技术日新月异，各种文化相互渗透，全球性的市场竞争日益激烈，人类开始迈入信息社会和知识经济时代。在信息技术高速发展的情况下，企业与其所面临的多样的、急剧变化的内外部社会环境之间的联系急剧增强，内外部经营风险很快就容易转化为会计报表错报的风险。这种环境的快速变化使审计师逐渐认识到被审计单位并不是一个孤立的主体，它是整个社会的一个有机组成部分，如果将被审计单位隔离于其所处的广泛的经济网络之外，审计师就不可能有效地理解被审计单位的交易及其整体财务状况和经营成果。因此，对于一套会计报表，只有研究其所反映的企业及其所处的整个“系统”，审计师才能够对其充分理解。现代风险导向审计模式以被审计单位的战略经营风险为审计重点，通过综合分析影响被审计单位经济活动的各种风险因素来确定实施审计的范围和重点，将大大改善制度导向审计模式（包括传统风险导向审计）的不足之处。后者由于其固有的内向型特点，以分析评价企业的内部控制制度作为审计的基础，而较少考虑内外部环境风险对企业及其会计报表的影响。

（二）战略管理思想的发展

20 世纪 80 年代以后，西方管理学者对在全球竞争条件下企业的生存和发展进行了深入的思考，形成了一些新的思想。最主要的包括：

1. 从过程管理向战略管理转变，即战略管理思想在企业管理中的作用越来越重要，并开始渗透到企业管理的各个方面。战略管理使得企业管理从内向管理向外向管理转变，以适应迅速变化和日益苛刻的生存环境。

2. 从产品的市场管理向价值管理转变，即企业管理的每一过程、每一个环节都要使企业向市场提供的产品和服务升值，从而提高企业的管理效率。

3. 从行为管理向文化管理转变，以使整个组织的战略理念渗透到企业的每一个部门和环节。

战略管理最根本的着眼点就是企业所面临的“风险”，以及企业对待风险的对策。财务报表的风险说到底实际上是企业战略风险及相关经营活动风险的副产品。所以要充分把握审计风险，审计人员必须首先理解企业发展所依存的内外部环境、基于这些环境制定企业发展战略目标以及所包含的风险，从而理解内外部战略风险对于财务报表认定的影响。只有这样才能对财务报告的相关事项做出合理的专业判断。战略管理思想及其理论和实践的发展，为新的审计方法的产生提供了重要的启示和实践基础。

（三）审计期望差距的扩大

社会对审计需求在不断扩大，社会公众对审计作用的期望也在不断提高。美国注册会计师协会（AICPA）成立的科恩（Cohen）委员会调查表明：社会公众（包括会计报表的使用者）认为，审计人员应对舞弊行为的揭露以及关于受审企业管理人员欺诈和违法行为的报告负有更大的责任；应增进审计的时效性；应向有关利害各方详尽报告审查过程中的发现；应向报表使用者提供更多的关于企业持续经营能力方面的信息。但审计人员却认为，他们无法保证能够察觉所有的舞弊行为。即使是最勤勉的审计人员，也极易被管理人员的舞弊或包括第三方在内的欺诈所蒙蔽。由此，审计期望差距的存在和扩大对审计职业界是一个致命的打击，也引发了审计理论界的思考。显然，面对社会和公众的批评以及新的需求，审计职业界不能视而不见，更不能固执己见。审计职业界积极主动地寻求新的审计模式来满足社会公众的需求应是解决审计期望差距的根本途径。同时，科恩委员会的调查还表明，社会公众对审计人员承担更多揭弊查错责任的要求越来越强烈。因此，揭弊查错将成为现代财务审计中与确定会计报表公允表达并重的审计目标，而制度导向审计方法（包括传统风险导向审计）在揭露企业重大管理舞弊和欺诈中表现出来的审计技术上的力不从心，加快了人们对新的审计方法的探寻。

（四）传统风险导向审计模式存在缺陷

无论是制度导向审计还是传统的风险导向审计，都是在内部控制的基础上发展起来的，它们都只是对企业经营管理方面的内部控制的审计风险进行防范，缺乏对企业经营管理的宏观环境和战略风险的分析与评价，无法从源头上把握和控制审计风险。这就使得注册会计师无法有效降低审计风险，审计期望的差距不断扩大。审计期望差距是指社会公众期望注册会计师应毫无遗漏地发现被审计单位的严重舞弊行为，但注册会计师无法保证察觉所有舞弊行为。现实的情况是由公司财务舞弊导致的审计失败案例不断发生，审计期望差距不断扩大，这就必然会引起公众的不满和诉讼。

（五）注册会计师诉讼风险增加

当注册会计师对会计报表发表了错误的审计意见，利益相关者根据会计报表和审计报告做出了错误的判断和决策而导致自身利益受损时，他们往往会通过诉讼的方式向注册会计师提出赔偿。在法庭上，注册会计师即使证明自己在对会计报表进行独立审计时已经按照独立审计准则的要求履行了职责，法官也可能判定注册会计师存在重大过失。其主要原因是注册会计师并没有注意到被审计单位存在的舞弊动机并采取相应的措施，而是为了追求审计工作底稿的“外观质量”而未尽到其应尽的“关注”义务，即注册会计师负有失察的责任。

二、现代风险导向审计的主要程序

如果说传统的账项导向审计是“盲目的”审计，那么现代风险导向审计则是“目的性的”审计。风险导向审计侧重对被审计单位风险的评估，根据风险评估的结果制定相应的审计程序。通过识别存在风险的领域，审计人员可以针对性地对审计风险较高的领域分配更多的审计资源或具有特殊技能的审计人员，执行更多的审计程序，从源头上去控制审计风险，提高审计质量。

现代风险导向审计的核心内容主要是风险评估和风险应对。

（一）风险评估

风险评估是现代风险导向审计的核心内容之一，通过实施风险评估程序确定高风险的领域以进行重点审计。审计人员必须了解被审计单位及其环境，要实施风险评估程序，并且将识别和评估的风险与实施的审计程序挂钩。

在进行风险评估时，审计人员应了解被审计单位及其环境以及内部控制，并对重大错报风险进行评估。对被审计单位进行了解可以发现企业潜在的经营风险，如被审计单位新产品研发可能导致产品责任增加；行业颁布的法律、法规等可能导致企业安全生产、法律责任等增加；新会计政策的采用可能导致业务处理成本增加或政策执行不当或执行不完整；公司扩张存在对市场的预期不准确的风险；人才流动性过大可能缺乏足以应对市场变化或竞争环境的人力资源；新业务系统的采用可能导致信息系统与业务系统难以融合等。

审计人员应从六个方面了解审计单位及其环境，即了解被审计单位的行业状况、法律环境和监管环境及其他外部因素；了解被审计单位的性质；了解被审计单位对会计政策的选择和运用；了解被审计单位的目标、战略以及相关经营风险；了解被审计单位对财务业绩的衡量和评价；了解被审计单位内部控制。

1. 了解行业状况、法律环境和监管环境及其他外部因素

了解被审计单位的行业状况，包括所处行业的市场与竞争；生产经营的季节性和周期性；被审计单位产品相关的生产技术；能源供应与成本；行业关键指标和统计数据。

了解被审计单位所处的法律环境和监管环境，包括会计原则和行业特定惯例；受管制行业的法规框架；对被审计单位经营活动产生重大影响的法律法规，包括直接的监管活动；税收政策；目前对被审计单位开展经营活动产生影响的政府政策，如货币政策、财政政策、财政刺激措施、关税或贸易限制政策等；影响行业和被审计单位经营活动的环保要求。

另外，还应从其他方面了解总体经济情况、利率、融资的可获得性、通货膨胀水平或币值变动等。

2. 了解被审计单位的性质

了解被审计单位的性质可以从了解被审计单位的所有权结构、治理结构、组织结构、经营活动、投资活动、筹资活动六个方面来进行。

了解所有权结构有助于注册会计师识别关联方关系并了解被审计单位的决策过程；了解治理结构可以对被审计单位的经营和财务运作实施有效的监督，从而降低财务报表发生重大错报的风险；了解组织结构是为了考虑复杂组织结构可能导致的重大错报风险，包括财务报表合并、商誉减值以及长期股权投资核算等问题；了解经营活动有助于注册会计师识别预期在财务报表中反映的主要交易类别、重要账户余额和列报；了解投资活动有助于注册会计师关注被审计单位在经营策略和方向上的重大变化；了解筹资活动有助于注册会计师评估被审计单位在融资方面的压力，并进一步考虑被审计单位在可预见未来的持续经营能力。

3. 了解被审计单位对会计政策的选择和运用

了解被审计单位对会计政策的选择和运用时应关注：重大和异常

交易的会计处理方法；在缺乏权威性标准或共识、有争议的或新兴的领域采用重要的会计政策产生的影响；会计政策的变更；新颁布的财务报告准则、法律法规，以及被审计单位何时采用、如何采用这些规定等。

4. 了解被审计单位的目标、战略以及相关经营风险

目标或战略制定不当会导致被审计单位经营风险增加，例如，行业发展可能导致被审计单位不具备应对环境变化所需的资金和人力资源等；开发新产品或提供新服务可能导致公司产品责任增加；业务扩张可能导致对市场的预期不准确，盲目扩张；新的会计要求可能使公司业务处理成本增加或准则执行不当不完整；行业监管要求导致企业法律责任增加；本期及未来的融资条件可能使公司失去融资机会；信息技术的运用可能使公司信息系统与业务系统难以融合等。

5. 了解被审计单位对财务业绩的衡量和评价

在了解被审计单位对财务业绩的衡量和评价情况时，审计人员应当关注：关键业绩指标、关键比率、趋势和经营统计数据；同期财务业绩比较分析；预算、预测、差异分析，分部信息与分部、部门或其他不同层次的业绩报告；员工业绩考核与激励性报酬政策；被审计单位与竞争对手的业绩比较。了解被审计单位业绩评价可以分析管理层是否面临实现某些关键财务业绩指标的压力，并且可以深入了解被审计单位的目标和战略。

6. 了解被审计单位内部控制

内部控制是被审计单位为了合理保证财务报告的可靠性、经营的效率和效果以及对法律法规的遵守，由治理层、管理层和其他人员设计和执行的政策及程序。注册会计师需要了解和评价的内部控制只是与财务报表审计相关的内部控制，并非被审计单位所有的内部控制。

了解被审计单位内部控制可以从以下几个方面着手：

（1）了解控制环境

控制环境包括治理职能和管理职能，以及治理层和管理层对内部

控制及其重要性的态度、认识和措施。在评价控制环境的设计和实施情况时，注册会计师应当了解管理层在治理层的监督下，是否营造并保持了诚实守信和合乎道德的文化，以及是否建立了防止或发现并纠正舞弊和错误的恰当控制。在评价控制环境的设计时，注册会计师应当考虑构成控制环境的相关要素，以及这些因素如何被纳入被审计单位业务流程的。

（2）了解评估重大错报风险

审计人员需评估财务报表层次的重大错报风险和认定层次的重大错报风险。评估的财务报表层次重大错报风险与总体应对措施有关，评估的认定层次重大错报风险决定审计人员设计和实施的进一步审计程序。

在评估重大错报风险时，审计人员应当实施下列审计程序：①在了解被审计单位及其环境（包括与风险相关的控制）的整个过程中，结合对财务报表中各类交易、账户余额和披露的考虑，识别风险；②结合对拟测试的相关控制的考虑，将识别出的风险与认定层次可能发生错报的领域相联系；③评估识别出的风险，并评价其是否更广泛地与财务报表整体相关，进而潜在地影响多项认定；④考虑发生错报的可能性（包括发生多项错报的可能性），以及潜在错报的重大程度是否足以导致重大错报。

需要考虑特别风险。特别风险是指注册会计师识别和评估的、根据判断认为需要特别考虑的重大错报风险。在确定哪些风险是特别风险时，注册会计师应当考虑识别出的控制对相关风险的抵消效果，并根据以下因素考虑其是否属于特别风险：①风险的性质。在确定风险的性质时，注册会计师应当考虑下列事项：风险是否属于舞弊风险；风险是否与近期的经济环境、会计处理方法和其他方面的重大变化有关，因而需要特别关注；交易的复杂程度；风险是否涉及重大的关联方交易；财务信息计量的主观程度，特别是计量结果是否具有高度的不确定性；风险是否涉及异常或超出正常经营过程的重大交易。②潜在错报的重要程度。③发生的可能性。

（3）了解信息系统与沟通机制

企业在其经营过程中，需按某种形式辨识、取得确切的信息，并进行沟通，以使员工能够履行其责任。信息系统不仅处理企业内部所产生的信息，同时也处理与外部的事项、活动及环境等有关的信息。企业所有员工必须从最高管理层清楚地获取承担控制责任的信息，而且必须有向上级部门沟通重要信息的方法，并对外界顾客、供应商、政府主管机关和股东等做有效的沟通。审计人员在了解被审计单位的内部控制时，应当了解其有关的信息系统及沟通机制，并将其作为对内部控制评审和测试的一项重要内容。

（4）了解控制活动

控制活动是指有助于确保管理层的指令得以执行的政策和程序，包括与授权、业绩评价、信息处理、实物控制和职责分离等相关的活动。在了解控制活动时，注册会计师应当重点考虑一项控制活动单独或连同其他控制活动，是否能够以及如何防止或发现并纠正各类交易、账户余额和披露存在的重大错报。注册会计师对被审计单位整体层面控制活动的了解还要考虑以下因素：被审计单位的主要经营活动是否都有必要的控制政策和程序；管理层在预算、利润以及其他财务和经营业绩方面是否都有清晰的目标，在被审计单位内部，是否对这些目标加以清晰的记录和沟通，并且积极地对其进行监控；是否存在计划和报告系统，以识别与目标业绩的差异，并向适当层次的管理层报告该差异；是否由适当层次的管理层对差异进行调查，并及时采取适当的纠正措施；不同人员的职责应在何种程度上相分离，以降低舞弊和不当行为发生的风险；会计系统中的数据是否与实物资产定期核对；是否建立了适当的保护措施，以防止未经授权接触文件、记录和资产；是否存在信息安全职能部门负责监控信息安全的政策和程序。

（5）了解对控制的监督

内部控制系统需要被监控。监控是由适当的人员，在适当及时的基础上，评估控制的设计和运作情况的过程。监控活动由持续监控、个别评估所组成，其可确保企业内部控制能持续有效地运作。具体包括：持续的监控活动、个别评估、报告缺陷等。评价被审计单位内部控制中对控制的监督是否健全有效是审计人员了解被审计单位内部控制制度的重要一环。

（二）风险应对

审计风险的应对措施分为针对财务报表层次重大错报风险的整体应对措施、针对认定层次重大错报风险的进一步审计程序、实施控制测试、执行实质性程序四个方面。

1. 针对财务报表层次重大错报风险的整体应对措施

针对财务报表层次重大错报风险的整体应对措施是指审计人员针对评估的财务报表层次的重大错报风险确定的总体应对措施。

审计人员主要可以从以下方面来确定针对评估的财务报表层次重大错报风险的应对措施，如向项目组强调在收集和评价审计证据的过程中保持职业怀疑态度的必要性；分派更有经验或具有特殊技能的审计人员，或利用专家的工作；对项目组成员提供更多的督导；在选择进一步的审计程序时，应当注意使某些程序不被管理层预见或事先了解；对拟实施审计程序的性质、时间和范围做出总体的修改。

同时，审计人员还要考虑如果控制环境存在缺陷时应采取的措施。对控制环境的了解影响财务报表层次重大错报风险的评估，从而影响总体的应对措施。有效的控制环境可以使审计人员增强对内部控制和被审计单位内部产生证据的信赖程度。如果控制环境存在缺陷，就需要审计人员对拟实施审计程序的性质、时间和范围做出总体的修改，具体包括以下四个方面：

（1）在期末而非期中实施更多的审计程序。原因为控制环境的缺陷通常会削弱期中获得的审计证据的可信赖程度。

（2）主要依赖实质性程序获取审计证据。良好的控制环境是其他内部控制要素发挥作用的基础。控制环境存在缺陷通常会削弱其他内部控制要素的作用，导致审计人员可能无法信赖内部控制，而去主要依赖实施实质性程序获取的审计证据。

（3）修改审计程序的性质以获取更具说服力的审计证据。修改审计程序的性质主要是指调整拟实施审计程序的类别及组合，比如原先可能主要限于检查某项资产的账面记录或相关文件，而调整审计程序的性质后可能意味着更加重视实地检查该项资产。

（4）扩大审计程序的范围。例如，扩大样本规模，或采用更详细的数据实施分析程序等。

审计人员评估的财务报表层次重大错报风险以及采取的总体应对措施，对拟实施进一步审计程序的总体方案具有重大的影响。总体方案包括实质性方案和综合性方案。实质性方案是指实施的进一步审计程序以实质性程序为主；综合性方案是指实施进一步审计程序时将内部控制测试与实质性程序结合使用。

2. 针对认定层次重大错报风险的进一步审计程序

审计人员针对评估的认定层次重大错报风险设计和实施进一步的审计程序，包括审计程序的性质、时间和范围。所谓进一步的审计程序，是指审计人员针对评估的各类交易、账户余额、列报等认定层次重大错报风险实施的审计程序，包括控制测试和实质性程序；而且审计人员设计和实施的进一步审计程序的性质、时间和范围，应当与评估的认定层次重大错报风险具有明确的对应关系。审计人员在设计和实施进一步审计程序时应考虑风险的重要性，重大错报发生的可能性，涉及的各类交易、账户余额、列报的特征，被审计单位采用的特定控制的性质，注册会计师是否拟获取审计证据以确定内部控制在防止或发现并纠正重大错报方面的有效性。

审计人员根据对认定层次重大错报风险的评估结果，恰当选用实质性方案或综合性方案。但无论选择何种方案，审计人员都应当对所有重大的各类交易、账户余额、列报等设计实施实质性的测试程序。

审计人员通过执行进一步审计程序如检查、观察、询问、函证、重新计算、重新执行和分析性程序等审计程序，来实现两个审计目的，即实施控制测试以确定内部控制运行的有效性，实施实质性程序以发现认定层次的重大错报。审计人员选择进一步审计程序时，应当根据认定层次重大错报风险的评估结果来选择审计程序。

审计人员在执行进一步审计程序时，要考虑何时实施进一步审计程序或审计证据适用的期间或时点的时间选择。进一步审计程序的时间是指审计人员选择执行审计程序的时间，即如何权衡期中与期末实施审计程序的关系，如何权衡期中审计证据与期末审计证据的关系，如何权衡以前审计获取的审计证据与本期审计获取的审计证据的关系。这些的最终落脚点都是如何确保获取审计证据的效率和效果。在选择进一步审计程序的时间时，审计人员应考虑内部控制环境、何时能得到相关的信息、错报风险的性质、审计证据适用的期间或时点等重要因素。审计人员在执行进一步审计程序时，还要考虑实施进一步审计程序的数量，包括抽取的样本量、对某项控制活动的观察次数等。

审计人员在执行进一步审计程序时，还需要确定进一步审计程序的范围，即：

（1）确定的重要性水平。确定的重要性水平越低，审计人员实施进一步审计程序的范围越广。

（2）评估的重大错报风险。评估的重大错报风险越高，对拟获取审计证据的相关性、可靠性的要求越高，因此审计人员实施的进一步审计程序的范围也越广。

（3）计划获取的保证程度。计划获取的保证程度是指审计人员计划通过所实施的审计程序对测试结果可靠性所获取的信心。计划获取的保证程度越高，对测试结果可靠性要求越高；计划获取的保证程度越高，注册会计师实施的进一步审计程序的范围越广。

3. 实施控制测试

（1）控制测试的含义

控制测试指测试内部控制运行的有效性，即为了确定内部控制执行是否有效而实施的审计程序。

内部控制测试是在了解内部控制的基础上，确定其设计和执行的有效性，实际上就是审计人员了解完内部控制后，确定怎么做控制测试，对内部控制是否合理、是否有效执行获取证据并得出审计结论。但是应该明确控制测试不是审计过程中必须执行的程序，什么情况下需要做测试、什么情况下不需要做测试而直接执行实质性测试需要依据被审计单位的具体情况来定。

（2）控制测试的性质

控制测试的性质是指控制测试所使用的审计程序的类型及其组合。实施控制测试可以采用询问、观察、检查、重新执行、穿行测试等方法。

重新执行是指审计人员在控制测试中，将某项交易业务按照被审计单位规定的程序全部或部分重新做一次，以验证既定内部控制措施是否被贯彻和执行。通常只有当询问、观察和检查程序结合在一起仍无法获得充分的证据时，审计人员才考虑通过重新执行来证实内部控制是否有效运行。将询问与检查或重新执行结合使用，通常能够比仅实施询问和观察获取更高的保证。

穿行测试是指通过追踪交易在财务报告信息系统中的处理过程，来证实审计人员对内部控制的了解、评价内部控制设计的有效性以及确定内部控制是否得到有效执行。穿行测试更多地在了解内部控制时运用。

4. 执行实质性程序

（1）实质性程序的含义

实质性程序是指审计人员针对评估的重大错报风险实施的直接用以发现认定层次重大错报的审计程序。

（2）实质性程序的种类

实质性程序包括对各类交易、账户余额、列报的细节测试以及实质性分析程序。

（3）实质性程序的性质

实质性程序的性质是指实质性程序的类型及其组合。实质性程序包括细节测试和实质性分析程序。

（4）细节测试和实质性分析程序的适用性

由于细节测试和实质性分析程序的目的和技术手段存在一定的差异，因此各自有不同的适用领域。审计人员应当根据各类交易、账户余额、列报的性质选择实质性程序的类型。细节测试适用于对各类交易、账户余额、列报认定的测试，尤其是对存在或发生、计价认定的测试；对在一段时期内存在可预期关系的大量交易，审计人员可以考虑实施实质性分析程序。

（5）实质性程序的时间安排和范围

确定实质性程序的时间安排和范围时要考虑重大错报风险和实施控制测试的结果。审计人员评估的认定层次的重大错报风险越高，需要实施实质性程序的范围越广。

第三节　审计报告的作用及类型

一、审计报告的含义

审计报告是指审计人员根据审计准则的规定，制订审计计划，在实施审计工作的基础上收集审计证据，形成审计工作底稿，对被审计单位财务报表的编制是否遵循了会计准则和会计制度，是否在所有重大方面客观、公允地反映了其财务状况和经营成果、现金流量等发表审计意见的书面文件。

二、审计意见的类型

审计报告的类型往往是由审计意见的类型决定的。审计意见是指审计人员在完成审计工作后，对于鉴证对象是否符合鉴证标准而发表的意见。

注册会计师财务报表审计意见的类型分为无保留意见、保留意见、否定意见和无法表示意见四种。

（一）无保留意见

无保留意见说明审计人员认为被审计者编制的财务报表已按照适用的会计准则的规定编制，并在所有重大方面公允地反映了被审计者的财务状况、经营成果和现金流量。

由于无保留意见是认为被审计单位的经营活动和会计报表不存在重要错误或问题而给予的一种肯定的评价。因此，在认为被审计单位会计报表的编制同时符合下述情况时，应出具无保留意见审计报告：

（1）会计报表的编制符合《企业会计准则》及国家其他有关财务会计法规的规定。

（2）会计报表在所有重大方面公允地反映了被审计单位的财务状况、经营成果和资金变动情况。

（3）会计处理方法的选用符合一贯性原则。

（4）审计人员已按照独立审计准则的要求，实施了必要的审计程序，在审计过程中未受限制和阻碍。

（5）不存在应调整而被审计单位未予调整的重要事项。

如果审计人员认为被审计者编制的财务报表符合相关会计准则的要求并在所有重大方面公允地反映了被审计者的财务状况、经营成果和现金流量，但是存在需要说明的事项，如对持续经营能力产生重大疑虑及重大不确定事项等，则应出具带强调事项段或其他事项段的无保留意见的审计报告。

（二）保留意见

保留意见说明审计人员认为财务报表整体是公允的，但是存在重大的错报，该重大错报影响不广泛；或注册会计师的审计范围受到了限制无法取得审计证据，但是无法取得的证据是局部的，其影响不广泛。

存在下述情况之一时，应出具保留意见的审计报告：

（1）个别重要财务会计事项的处理或个别重要会计报表项目的编制不符合《企业会计准则》及国家其他有关财务会计法规的规定，被审计单位拒绝进行调整。

（2）因审计范围受到重要的局部限制，无法按照审计准则的要求取得应有的审计证据。

（3）个别重要会计处理方法的选用不符合一贯性原则。

（三）否定意见

否定意见是指审计人员经过审计后，认为被审计单位的会计报表不能公允地反映其财务状况、经营成果和现金流量情况，从而认为财务报表整体是不公允的或没有按照适用的会计准则的规定编制。

否定意见是注册会计师认为被审计单位会计处理严重违反会计准则和国家其他有关财务会计法规，以致使会计报表严重扭曲财务状况和经营成果而给予的一种否定的评价。因此，当审计人员认为被审计单位的会计报表存在下述情况之一时，应当出具否定意见的审计报告：

（1）会计处理方法严重违反《企业会计准则》和国家其他有关财务会计法规的规定，被审计单位拒绝进行调整。

（2）会计报表严重扭曲了被审计单位的财务状况、经营成果和现金流量情况，被审计单位拒绝进行调整。

（四）无法表示意见

无法表示意见是指注册会计师不能就被审计单位财务报告整体是否在所有重大方面按照适用的报告编制基础编制，以及是否公允地反映其财务状况、经营成果和现金流量发表审计意见，也即对被审计单位的财务报表既不发表无保留意见或保留意见，也不发表否定意见。

如果无法获取充分、适当的审计证据以作为形成审计意见的基础，并且认为其对财务报表可能产生的影响重大且具有广泛性，注册会计师应当发表无法表示意见。

三、审计报告的基本要素

注册会计师出具的审计报告应当包括下列要素：①标题；②收件人；③引言段；④管理层对财务报表的责任段；⑤注册会计师的责任段；⑥审计意见段；⑦注册会计师的签名和盖章；⑧会计师事务所的名称、地址及盖章；⑨报告日期。

1. 标题

审计报告的标题应当统一规范为“审计报告”。考虑到这一标题已广为社会公众所接受，因此，我国注册会计师出具的审计报告中标题没有包含“独立”两个字，但注册会计师在执行财务报表审计业务时，应当遵守独立性的要求。

2. 收件人

审计报告的收件人是指注册会计师按照业务约定书的要求致送审计报告的对象，一般是指审计业务的委托人。审计报告应当载明收件人的全称。注册会计师应当与委托人在业务约定书中约定致送审计报告的对象，以防止在此问题上发生分歧或审计报告被委托人滥用。针对整套通用目的财务报表出具的审计报告，审计报告的致送对象通常为被审计单位的全体股东或董事会。

3. 引言段

审计报告的引言段应当说明被审计单位的名称和财务报表已经经过审计，并包括下列内容：①指出构成整套财务报表的每张财务报表的名称；②提及财务报表附注；③指明财务报表的日期和涵盖的期间。根据企业会计准则规定，整套财务报表的每张财务报表的名称分别为资产负债表、利润表、所有者（股东）权益变动表和现金流量表。此外，由于附注是财务报表不可或缺的重要组成部分，因此，也应提及财务报表附注。财务报表有反映时点的，有反映期间的，注册会计师应在引言段中指明财务报表的日期或涵盖的期间。

4. 管理层对财务报表的责任段

管理层对财务报表的责任段应当说明，按照适用的会计准则和相关会计制度的规定编制财务报表是管理层的责任，这种责任包括：①设计、实施和维护与财务报表编制相关的内部控制，以使财务报表不存在由于舞弊或错误而导致的重大错报；②选择和运用恰当的会计政策；③做出合理的会计估计。在审计报告中指明管理层的责任，有利于区分管理层和注册会计师的责任，降低财务报表使用者误解注册会计师责任的可能性。

5. 注册会计师的责任段

注册会计师的责任段应当说明下列内容：①注册会计师的责任是在实施审计工作的基础上对财务报表发表审计意见。注册会计师按照中国注册会计师审计准则的规定执行了审计工作。中国注册会计师审计准则要求注册会计师遵守职业道德规范，计划和实施审计工作以对财务报表是否不存在重大错报获取合理保证。②审计工作涉及实施审计程序，以获取有关财务报表金额和披露的审计证据。③注册会计师相信已获取的审计证据是充分、适当的，为其发表审计意见提供了基础。

6. 审计意见段

审计意见段应当说明，财务报表是否按照适用的会计准则和相关会计制度的规定编制，是否在所有重大方面公允地反映了被审计单位的财务状况、经营成果和现金流量。

财务报表审计的目标是注册会计师通过执行审计工作，对财务报表的下列方面发表审计意见：①财务报表是否按照适用的会计准则和相关会计制度的规定编制；②财务报表是否在所有重大方面公允地反映了被审计单位的财务状况、经营成果和现金流量。因此，当注册会计师完成审计工作，获取了充分、适当的审计证据，应当就上述内容对财务报表发表审计意见。

7. 注册会计师的签名和盖章

审计报告应当由注册会计师签名并盖章。注册会计师在审计报告上签名并盖章，有利于明确法律责任。审计报告应当由两名具备相关业务资格的注册会计师签名盖章并经会计师事务所盖章方为有效。合伙会计师事务所出具的审计报告，应当由一名对审计项目负最终复核责任的合伙人和一名负责该项目的注册会计师签名盖章。有限责任会计师事务所出具的审计报告，应当由会计师事务所主任会计师或其授权的副主任会计师和一名负责该项目的注册会计师签名盖章。

8. 会计师事务所的名称、地址及盖章

审计报告应当载明会计师事务所的名称和地址，并加盖会计师事务所公章。根据《中华人民共和国注册会计师法》的规定，注册会计师承办业务，由其所在的会计师事务所统一受理并与委托人签订委托合同。因此，审计报告除了应由注册会计师签名并盖章外，还应载明会计师事务所的名称和地址，并加盖会计师事务所公章。

9. 报告日期

审计报告应当注明报告日期。审计报告的日期不应早于注册会计师获取充分、适当的审计证据（包括管理层认可对财务报表的责任且已批准财务报表的证据），并在此基础上对财务报表形成审计意见的日期。注册会计师在确定审计报告日期时，应当考虑：①应当实施的审计程序已经完成；②应当提请被审计单位调整的事项已经提出，被审计单位已经做出调整或拒绝做出调整；③管理层已经正式签署财务报表。

四、审计报告的类型

按照不同的标准可以将审计报告分为不同的类别。

（一）审计报告的一般分类

1. 按照审计报告的性质划分

按照审计报告的性质可分为标准审计报告和非标准审计报告。标准审计报告是指格式和措辞基本统一的审计报告，一般适用于对外公布，注册会计师的审计报告一般属于标准的审计报告。非标准审计报告是指格式和措辞不统一，可以根据具体审计项目的问题来决定的审计报告，一般适用于非对外公布，如国家审计、内部审计的审计报告。

2. 按审计报告使用的目的划分

按审计报告使用的目的可分为公布目的的审计报告和非公布目的的审计报告。公布目的的审计报告，一般是用于对企业股东、投资者、债权人等非特定利益关系者公布的附送会计报表的审计报告。注册会计师的审计报告一般属于公告目的的审计报告。非公布目的的审计报告，一般是用于经营管理、合并或业务转让、融资等特定目的而实施的审计报告。国家审计、内部审计的审计报告一般属于非公告目的的审计报告。

3. 按照审计报告的详简程度划分

按照审计报告的详简程度可分为详式审计报告和简式审计报告。详式审计报告又称长式审计报告，它是指对审计对象所有重要事项都要做详细说明和分析的审计报告。详式审计报告一般适用于非公布目的，具有非标准审计报告的特点，主要用来帮助企业改善经营管理服务，国家审计、内部审计的审计报告多为详式审计报告。简式审计报告，又称短式审计报告，它是指注册会计师对应公布的会计报表进行审计后所编制的简明扼要的审计报告。简式审计报告所反映的内容是非特定多数的利害关系人共同认为必要的审计事项，它具有记载法规或审计准则所规定的特征，属于标准的审计报告，一般适用于公布目的。

（二）注册会计师审计报告的分类

相对于国家审计、内部审计来说，注册会计师出具的是格式、内容比较规范的标准审计报告，我们可以将其划分为标准审计报告和非标准审计报告。

1. 标准审计报告

标准审计报告是指不含有说明段、强调事项段、其他事项段或其他任何修饰性用语的无保留意见的审计报告。

包含其他报告责任段，但不含有强调事项段或其他事项段的无保留意见的审计报告也被视为标准审计报告。

2. 非标准审计报告

非标准审计报告是指带强调事项段或其他事项段的无保留意见的审计报告和非无保留意见的审计报告。非无保留意见的审计报告包括保留意见的审计报告、否定意见的审计报告和无法表示意见的审计报告。

本章小结

审计模式经历了三个发展阶段，分别是：账项导向审计模式、制度导向审计模式和风险导向审计模式。现代风险导向审计的核心内容主要是风险评估和风险应对。审计的技术方法具体可以分为审计书面资料的方法、证实客观事物的方法和进行审计调查的方法。现代风险导向审计是以审计风险作为出发点，对审计风险进行系统的分析和评价，来制定审计策略和与企业状况相适应的多样化的审计计划，将风险考虑贯穿于整个审计过程的审计方式。注册会计师财务报表审计意见的类型分为无保留意见、保留意见、无法表示意见和否定意见四种。

第五章

审计职业：学习和发展

◎知识目标：了解会计师事务所的组织形式和中国会计师事务所综合评价排名情况，了解国际四大会计师事务所的基本情况，了解中国注册会计师资格考试以及其他主要的国际资格考试，了解著名审计理论专著和教材。

◎能力目标：根据自身实际情况，规划未来2~3年的职业发展或者学习。

第一节　会计师事务所

一、会计师事务所组织形式

综观世界各国会计师事务所的组织形式，主要包括独资、普通合伙制、有限责任制、有限责任合伙制四种形式。

（一）独资会计师事务所

独资会计师事务所是由具有注册会计师执业资格的个人独立开业，并承担无限责任。它的优点是容易设立、执业灵活、对执业人员的需求不多，能够在代理记账、代理纳税等方面很好地满足小型企业对注册会计师服务的需求。虽承担无限责任，但实际发生风险的程度相对较低。缺点是难以承担大型审计业务，缺乏发展后劲。

（二）普通合伙制会计师事务所

普通合伙制会计师事务所是由两位或两位以上注册会计师作为合伙人而组成的合伙组织。合伙人以各自的财产对事务所的债务承担无限连带责任。它的优点是能够在风险的制约和共同利益的驱动下，促使事务所提高职业质量，提高控制风险能力。缺点是不利于会计师事务所的扩张。同时，任何一个合伙人执业中的过失或欺诈行为都可能给整个事务所带来灭顶之灾。

（三）有限责任制会计师事务所

有限责任制会计师事务所是由注册会计师认购会计师事务所股份，

并以其所认购股份对事务所承担有限责任，会计师事务所以其全部资产对其债务承担有限责任。它的优点是可以通过公司制形式迅速聚集一批注册会计师，组成大型会计师事务所承办大型业务。缺点是降低了风险责任对职业行为的高度约束，弱化了注册会计师的个人责任，对注册会计师的不谨慎执业行为缺乏威慑力。

（四）有限责任合伙制会计师事务所

有限责任合伙制会计师事务所是指事务所以全部资产对其债务承担有限责任，各合伙人对个人执业行为承担无限责任，无过失的合伙人对于其他合伙人的过失或不当执业行为承担有限责任，不承担无限责任。它的最大特点是既吸收了合伙制和有限责任制事务所的优点，又摒弃了它们的不足。国际四大会计师事务所就采用了这种组织形式。有限责任合伙制已成为当今会计师事务所组织形式发展的一大趋势。

二、会计师事务所组织形式的发展历程

1721 年发生的“南海公司事件”，成为注册会计师行业在英国诞生的“催产剂”。1845 年英国修订《公司法》，规定股份公司的账目必须经董事以外的人员审计，随后确定了一批精通会计业务、熟悉查账知识的独立会计师资格，推动了注册会计师审计迅猛发展。在英国会计职业发展历程中，“合伙制”一直是主旋律，但 20 世纪 70 年代以来针对注册会计师索赔的诉讼明显增多，引发英国会计职业主要是大型会计师事务所对“普通合伙制”无限连带责任的讨论和反思。历经 20 余年的探索，1997 年 2 月，英国政府公布了《有限责任合伙：面向专业人士的新的组织形式》的咨询文件，正式提出推行“有限责任合伙制”（Limited Liability Partnership）的政策设想并广泛征求各方面意见。经过 3 年的咨询、论证，2000 年 7 月，英国议会通过了《有限责任合伙法》，此后不久，英国绝大多数大中型会计师事务所完成了由普通合伙制向有限责任合伙制的转制工作。

与英国情况类似，20 世纪 80 年代因房地产和能源价格剧烈震荡引发的波及全国的银行和储贷机构倒闭风潮，致使美国国内债权人争相起诉为金融机构提供审计服务的会计师事务所，以期最大限度地降低债权损失。“深口袋”原理在美国的滥用，导致不少会计师事务所的合伙人包括无辜合伙人陷入破产危机，促使美国注册会计师行业转而寻求比“普通合伙制”更为优化的组织形式。经过认真研究和慎重比选，“有限责任合伙制”脱颖而出。20 世纪 90 年代初，得克萨斯州率先颁布《有限责任合伙法》，短短几年间，就有 40 多个州加以效仿并颁布法案。1996 年，美国国会在《统一合伙法》中正式载入“有限责任合伙制”相关规定。目前，“有限责任合伙制”已广泛应用于美国较大规模的会计师事务所、律师事务所和其他专业服务机构。

尽管英美的“有限责任合伙制”在产生背景、法律规定、责任分担、适用范围等方面不完全等同于我国的“特殊的普通合伙制”，但二者的要义和核心是一致的，即在会计师事务所规模较大、合伙人人数众多且分工细化的条件下，最大限度地保护无过错合伙人，避免因某一或某些合伙人的不当执业行为对其他合伙人的合法权益造成重大损害，从而促进会计师事务所健康稳定发展。

三、中国会计师事务所的组织形式

现行《注册会计师法》规定了两种会计师事务所组织形式，分别是合伙制与有限责任公司制（以下简称“有限责任制”）。根据财政会计行业管理信息系统的统计数据，截至 2010 年 7 月 1 日，我国共有会计师事务所 6892 家（不含分所），其中有限责任制会计师事务所 4428 家，占 64%；合伙制会计师事务所 2464 家，占 36%。需要指出的是，在 2009 年度百强会计师事务所中，仅有 3 家为合伙制事务所，可见我国会计师事务所在组织形式选择上存在较为明显的“比例失衡”现象。

上述状况的形成与我国特定的历史环境密切相关。改革开放初期，我国恢复重建注册会计师制度。早期的会计师事务所基本挂靠政府部门或事业单位。从 1998 年开始，会计师事务所全面实行脱钩改制，由挂靠单位的附属机构改制为自主经营、独立承担法律责任的市场经济主体，大多数会计师事务所自然选择了有限责任制，因为它能够最大限度地保护股东财产。在重“资合”、轻“人合”的传统观念支配下，有限责任制较之合伙制必然更受青睐，这就是我国会计师事务所组织形式“比例失衡”的深层次原因。随着我国注册会计师行业的快速发展，有限责任制组织形式在决策机制、股东限制、质量控制、税收政策等方面均日渐显现出其制度弊端，难以满足大中型会计师事务所加快发展的形势需要。

在立足我国国情、借鉴国际通行做法的基础上，2006 年 8 月 27 日，全国人民代表大会常务委员会第二十三次会议修订通过《中华人民共和国合伙企业法》，自 2007 年 6 月 1 日起施行。我国《合伙企业法》规定，“特殊的普通合伙制”为“普通合伙制”的一种特殊形式，适用于“以专业知识和专门技能为客户提供有偿服务的专业服务机构”，主要是指会计师事务所和律师事务所。在“特殊的普通合伙制”企业中，“一个合伙人或者数个合伙人在执业活动中因故意或者重大过失造成合伙企业债务的，应当承担无限责任或者无限连带责任，其他合伙人以其在合伙企业中的财产份额为限承担责任；合伙人在执业活动中非因故意或者重大过失造成的合伙企业债务以及合伙企业的其他债务，由全体合伙人承担无限连带责任。”

我国《合伙企业法》规定的“特殊的普通合伙制”，既注重在故意与重大过失情况下保护无过失合伙人，又兼顾一般或轻微过失时合伙人之间的风险共担，是在“普通合伙制”与英美“有限责任合伙制”基础上的制度创新。与普通合伙制相比，“特殊的普通合伙制”是一个重大进步，其最大的变化和优势是实现了合伙人法律责任的适度分离，避免了无过错合伙人为其他合伙人的违法行为或重大过失“买单”，有利于大中型会计师事务所在强化质量控制的前提下稳步扩张，不断做大做强，避免了因噎废食、瞻前顾后、裹足不前；与有限责任制相比，“特殊的普通合伙制”更为注重质量管控和责任约束，同时打破了股东人数50人的限制，并且有效解决了“双重纳税”问题，因此，“特殊的普通合伙制”必将成为有志于做大做强的大中型会计师事务所的理性选择。

2010年1月27日，财政部颁布了《关于推动大中型会计师事务所采用特殊普通合伙组织形式的暂行规定》（以下简称《暂行规定》），提出了大力推进大型会计师事务所普通合伙制改制工作。《暂行规定》要求，大型会计师事务所应当于2010年12月31日前转制为特殊普通合伙组织形式；鼓励中型会计师事务所于2011年12月31日前转制为特殊普通合伙组织形式。目前，我国的大型会计师事务所和“四大”在中国的成员所均已经完成转制。

四、会计师事务所综合评价

经济全球化促进了世界各国在全球范围内的经济融合，同时也为各国会计服务市场带来了难得的发展机遇。投资者对全球资本市场信息的强烈需求，使得会计师事务所服务领域不断扩大。会计师事务所通过提供符合投资者决策需要的信息，推动了资本在国家之间的流动，从而也推动了注册会计师职业的跨国发展。

截至“十二五”开局之年，全国共有会计师事务所7104家（不含分所），其中有限责任事务所4317家，普通合伙会计师事务所2763家，特殊普通合伙会计师事务所24家，执业注册会计师94010人。全行业业务收入达到440亿元，比“十一五”末年增长了23.1%，其中审计业务收入占业务收入总额的将近80%。为更好地满足社会全面了解行业发展、判断事务所的综合实力、择优选择事务所的需要，以及引导和促进事务所科学发展，中注协于2003年建立会计师事务所前百家信息发布制度，并不断改革完善评价指标体系。2011年《会计师事务所综合评价办法（修订）》实施。

（一）评价流程

每年 4 月 30 日前，符合规定的事务所在事务所创先争优系统中填写相应类型的综合评价表，上报所在地的省、自治区、直辖市注册会计师协会（以下简称省级协会）审核。事务所跨省级行政区设立的分所，每年 4 月 20 日前，按照事务所创先争优综合评价的要求，在事务所创先争优综合评价系统中填写相应类型的综合评价表，上报分所所在地的省级协会审核。事务所在填列综合评价表前已合并、分立的，可以以合并、分立后的事务所参加综合评价。

省级协会负责审核本地区事务所和本地区分所的填列信息，在每年的 5 月 15 日前，上报中注协。每年 6 月 15 日前，中注协对事务所填列信息进行抽查。如果发现填列信息不实的，责令事务所限期更正。如果发现填列信息严重失实或者故意填列不实信息的，取消事务所当年及下一年度综合评价资格，并通报批评。每年 6 月底前，中注协根据综合评价结果，按照办法的规定，计算并确认事务所的综合评价得分，通过认定的网站和报刊，公布事务所得分前百家的信息。对于在公布前终止的事务所的信息，不予公布。事务所综合评价以注册会计师行业创先争优机制建设成果为基础，按照大型事务所和中型事务所的可比指标遴选出百家事务所，并按照事务所综合评价指标排出位次。

（二）评价指标

事务所综合评价指标包括业务收入指标、注册会计师人数指标、综合评价其他指标、处罚和惩戒指标四项。

（1）业务收入指标，是指事务所每年上报注协的、经过审计的上一年度会计报表数据。

（2）注册会计师人数指标，是指截至上一年 12 月 31 日，事务所在中注协认定的管理系统中登记的数据。

（3）综合评价其他指标，是指会计师事务所创先争优综合评价指标体系大型事务所评价表中除了业务收入指标、注册会计师人数指标、处罚和惩戒指标以外的指标。

（4）处罚和惩戒指标，是指上一年度，事务所及其注册会计师在执业中受到刑事处罚、行政处罚和行业惩戒的情况。

（三）计算公式

某事务所综合评价得分的计算公式如下：

综合评价得分 = 业务收入指标得分 + 注册会计师人数指标得分 + 综合评价其他指标得分 - 事务所和注册会计师的处罚、惩戒指标应减分值。其中：

（1）业务收入指标得分 = （该事务所业务收入/全部候选前百家事务所收入平均值） ×50

（2）注册会计师人数指标得分 = （该事务所注册会计师人数/全部候选前百家事务所的注册会计师人数平均值） ×10

（3）综合评价其他指标得分 = （在事务所创先争优综合评价中该事务所综合评价其他指标得分之和/全部候选前百家事务所综合评价其他指标得分之和的平均值） ×40

（4）事务所和注册会计师的处罚、惩戒指标应减分值 = Σ［刑事处罚、行政处罚和行业惩戒的次数（人数） ×相关分值］

处罚和惩戒指标为直接减分项，按照下列不同处罚和惩戒种类减分：

（1）事务所受到暂停业务处罚及与其他处罚并处的，一次减 5 分；单处警告、没收违法所得、罚款及以上三项或者两项处罚并处的，一次减 4 分；受到公开谴责的，一次减 3 分；受到通报批评的，一次减 2 分；受到训诫的，一次减 1 分。

（2）注册会计师受到吊销注册会计师证书、撤销会员资格的，减 4 分；受到其他行政处罚和行业惩戒的应减分值，分别按照事务所受到相应行政处罚和行业惩戒应减分值的 50% 计算；受到刑事处罚的，按照对事务所的最高处罚减分。

从总体上看，国际四大会计师事务所长期占据综合排名的前列，中国本土会计师事务所在近年来发展迅猛，排名逐步靠前。

五、国际会计师事务所

（一）普华永道（Price Waterhouse Coopers）

普华永道泛指普华永道国际有限公司的成员机构网络，该机构网络中的每个成员均为独立的法律实体。截至2014年底，普华永道在全球157个国家和地区有近19.5万名专业人士，普华全球收入高达340亿美元。普华永道各成员所主要为其客户提供审计、税务、企业管理咨询和财务咨询服务。

普华永道前身为1849年成立的普华会计师事务所和1854年成立的永道会计师事务所，1998年于伦敦合并成为如今的普华永道。

普华。1849年，塞缪尔·普里斯在伦敦开始了其会计师生涯。1865年，普里斯与威廉·豪里兰德及埃德温·华特豪斯建立了合伙制的会计师事务所。豪里兰德在此之后很快在会计领域自谋发展。1874年，该事务所被命名为普里斯·华特豪斯（普华）公司（Price，Waterhouse &Co.）（“&Co.”的称谓在很久以后才被放弃）。最初三人所签署的合伙协议还可以在普华永道会计师事务所伦敦分所的办公大楼索斯华克大厦（Southwark Towers）里找到。

到19世纪晚期，普华作为一家会计师事务所已经取得了广泛的认可。为了应对英国和美国之间快速发展的贸易关系，1890年，普华在纽约开办了一家分所，并且随后，该分所得到了迅速的发展。而1904年，在英国的利物浦，普华也开设了自己的分所；后来又在英国内部的主要地区不断开办新的事务所。而在国际业务上，由于普华每个国家和地区的机构和业务都是独立的，所以任何一个国家的分支机构都有强烈的开拓业务的愿望。而且普华在全世界的扩张不是通过国际范围的合并重组，而是通过建立合作关系的联盟完成的。

1989年，为了获得足够的规模效应，普华和安达信曾经商谈合并的事宜；但事情由于双方在业务上的分歧（尤其是IBM的业务），最终谈判破裂。

永道。1854 年，威廉 · 库珀在伦敦建立了自己的会计师事务所，由于他三个兄弟的加入，该事务所定名为库珀兄弟会计师事务所（Cooper Brothers）。1898 年，罗伯 · H. 蒙哥马利（Rober H. Montgomery）、威廉 · M. 莱布兰德（William M. Lybrand）、小亚当 · A. 罗斯（Adam A. Ross）和他的兄弟 T. 爱德华 · 罗斯（T. Edward Ross）在美国成立了莱布兰德—罗斯兄弟—蒙哥马利会计师事务所（Lybrand, Ross Brothers and Montgomery）。而上述两家事务所又在 1957 年合并成为永道，此后它们又吸收了一家加拿大的会计师事务所。1990 年，由于德勤的一部分子公司反对与塔奇 · 罗斯公司（Touche Ross）的合并，它们选择并入永道的英国分所，该分所也一度更名为永道德勤，后于 1992 年恢复了永道的名称。

1998 年，普华和永道为了扩大自身的规模，最终达成一致，合并成为现今的普华永道会计师事务所。

（二）德勤（Deloitte Touche Tohmatsu）

德勤有限公司（又称“德勤全球”）是一家根据英国法律组成的私人担保有限公司，并不向客户提供服务。德勤各成员所均为具有独立法律地位的法律实体，相互之间不因对方而承担任何责任，每一个成员所在其所在的特定地区提供服务并遵守所在国家或当地的法律及专业规则。

1989 年，德洛伊特 · 哈斯金斯 & 塞尔斯国际会计公司（Deloitte Haskins & Sells International）和在 1975 年与日本的审计公司等松会计公司（Tohmatsu Awoki & Sanwa）联合的塔奇 · 罗斯会计公司（Touche Ross International）合并，形成了德勤会计公司（Deloitte Touche Tohmatsu），即德勤全球。2004 年，德勤宣布其 5 年计划，于中国内地、香港特别行政区及澳门特别行政区投资 1.5 亿美元，这亦是德勤创建百多年来对单一市场所注入的最大一笔投资。2005 年，德勤中国宣布与中国本地会计师事务所——北京天健和深圳天健信德进行合并。2013 年 1 月 1 日，德勤在中国内地成功完成本土转制，成立德勤华永会计师事务所（特殊普通合伙）。截至2014年底，德勤在全球150多个国家和地区有逾21.04万名专业人士，收入高达342亿美元。

目前，德勤在中国内地、香港及澳门特区设有17个办事处，拥有近10 000名员工。德勤在中国内地的成员所为德勤华永会计师事务所，主要为国内企业、跨国公司以及快速成长的企业提供审计、税务、企业管理咨询和财务咨询服务。

（三）安永（Ernst & Young）

安永是指安永全球有限公司（Ernst & Young Global Limited，EYG）属下的一家或多家成员所。EYG是一家英国的有限责任公司，总部设在英国伦敦，EYG各成员所都是独立的法律实体。

安永在全球140多个国家和地区有16.7万余名专业人士，主要为其客户提供审计、税务、财务交易及咨询服务。截至2014年，安永全球收入达到274亿美元。安永对女性成长给予特别关注，仅2014年全球新晋合伙人中，女性比例就达到26%。

目前，安永在中国内地及港澳台地区共设有21个办事处，分布在北京、上海、广州、深圳、天津、厦门、香港特别行政区、澳门特别行政区、台北等城市。安永在中国内地的成员所为安永华明会计师事务所，在北京、上海、天津、成都等15个城市设有分支机构，共有8 000余名员工。

安永是一系列会计师事务所合并的结果。最早的历史可追溯到1849年在英格兰成立的会计师事务所哈丁·普莱恩（Harding & Pullein）。

1903年，特奥多尔·恩斯特（Theodore Ernst）和阿尔文·恩斯特（Alwin Ernst）两名美国人兄弟在克利夫兰创办了恩斯特·恩斯特（Ernst & Ernst）会计师事务所。1906年，另一位美国人阿瑟·杨在芝加哥成立了阿瑟·杨（Arthur Young）会计师事务所。1924年，这两家美国的事务所开始与英国市场中突出的事务所结盟，阿瑟·杨与伯德·派特森（Broads Paterson &Co.）合作，而恩斯特·恩斯特与惠尼史密斯·惠尼携手。后者在1979年合并，新的事务所称为恩斯特·惠尼（Ernst & Whinney），为当时世界第四大会计师事务所。同样在1979年，阿瑟·杨的欧洲分所与几家当地较大的事务所合并，成为阿瑟·杨国际（Arthur Young International）的成员所。

1989年，第四大的事务所恩斯特·惠尼兼并了第五大的阿瑟·杨，组建成安永（Ernst & Young，EY）1997年10月，安永宣布了和毕马威的全球合并计划，旨在成立当时世界上最大的专业服务机构。之前的9月，普华和永道刚宣布合并成立普华永道会计师事务所。然而，在1998年2月，出于反垄断、成本和企业文化融合困难的考虑，安永和毕马威放弃了合并计划。

（四）毕马威（KPMG）

毕马威国际是一家瑞士实体，其各成员所是各自独立的法人实体。截至目前，毕马威在全球155个国家和地区有超过155 000名员工。毕马威各成员所主要为其客户提供审计、税务和咨询等服务。由于银行业客户众多，故有“银行家会计师”之称。

毕马威在中国内地的成员所为毕马威华振会计师事务所，在北京、上海、广州、深圳、香港、澳门等地共设有14家分支机构［包括毕马威企业咨询（中国）有限公司］，共有约9 000名专业人员。

KPMG这个名称，取名自组成的四家会计事务所的创办人姓氏。

K是指于1917年在阿姆斯特丹成立Klynveld Kraayenhof &Co. 的皮特·克里恩菲德（Pete Klynveld）；P是指于1870年在伦敦成立William Barclay Peat &Co. 的威廉·巴克莱·匹特（William Barclay Peat）；M是指于1897年，和罗杰·密卓尔（Roger Mitchell）在纽约市成立Marwick，Mitchell &Co. 的詹姆斯·马威克（James Marwick）；G则指于1897年在德国创立的Deutsche Treuhand - Gesellschaft（DTG）的主席莱恩哈德·戈尔迪拉（Reinhard Goerdeler）。他对四家公司的合并有着重大的贡献，并在合并后出任主席。

第二节　注册会计师职业

一、注册会计师职业的特点

西方国家存在一种由来已久的认识，即注册会计师和医生、律师并称为三大令人尊敬的职业，拥有较高的社会地位。这三种职业的从业人员均需要具备复杂的知识体系，经过严格的筛选程序，保持良好的职业道德，方可胜任。注册会计师与其他两种职业有着明显区别，主要表现为服务社会公众、坚守职业道德等方面。

（一）承担服务公众的责任

注册会计师职业最显著的特点是向社会公众负责。社会公众对注册会计师的依赖赋予了注册会计师对公众利益的责任，这种公众利益应当是作为注册会计师专业服务对象的所有人员和机构的共同利益。尽管注册会计师的委托人可能是董事会或管理层，而且要收取审计公费，但是注册会计师担负的责任是服务社会公众的责任。因而，注册会计师既不能以委托人利益为唯一目标，也不能单纯追求其本身所得最大化，而只能以公众利益作为执业的目标。

（二）具备复杂的、持续更新的知识体系

现代社会处于不断变化、充满挑战的高速发展阶段。现代信息技术的发展，不仅提高了经济交易的复杂程度，而且也促进了审计技术的不断深化，对审计行为产生了深远影响。任何一个非专业人员，不通过系统的、较长时间的培养，根本无法理解和判断注册会计师是否恪尽职守。特别是风险导向审计的发展，从客观上要求注册会计师必须掌握复杂的知识体系。审计师需要持续不断地更新现有知识体系，以满足客户需求。随着受托责任的扩展，审计师面对的服务对象也实时更新，对审计师的知识体系也提出更高的要求。

（三）严格的准入门槛

由于审计师承担公众利益的受托责任，需要具备扎实、复杂的知识体系，为了确保执业质量，各国对审计师职业的准入提出了严格的标准。

根据我国注册会计法的规定，要取得注册会计师证书，必须参加全国统一的注册会计师考试。考试成绩合格者还必须加入会计师事务所工作，具有两年审计工作经验，并符合其他条件，方可批准注册，发给注册会计师证书，执行注册会计师业务。注册会计师在取得执业资格后，必须遵守职业道德规范，恪守独立、客观、公正的原则，并以应有的职业谨慎态度执行审计任务，发表审计意见。

世界上其他国家为了保证审计工作质量，保护投资者合法权益，维护注册会计师职业在公众心目中应有的权威性，都制定了较为完善的注册会计师考试和注册制度。具有执业资格，是注册会计师提供专业服务的基本要求。

（四）坚守职业道德

注册会计师的最终产品就是赋予财务报表公信力。如果失去公众的信任，经审计的财务报表与未经审计的财务报表之间便没有分别，注册会计师职业也就失去了存在的价值和意义。但是，在审计制度安排方面，审计师主要从被审计单位获取报酬，这种获取收入方式深刻影响了审计师的职业道德，尤其是独立性。对于这一问题，理论界和实务界均发起了多次讨论。2002 年，美国萨班斯法案发布之前，就曾针对这一问题进行了专门讨论。

当注册会计师为社会提供服务时，必须担当起服务社会的责任，凭借其精湛的专业知识和业务技能，以独立、客观的身份发表公正的意见，维护职业和行业的良好形象，从而实现守身立业和蓬勃发展的目标。因而，注册会计师作为一项公共的专门职业，建立其职业道德准则是该职业内在的、必然的需要。

二、与注册会计师职业有关的机构

（一）中国注册会计师协会

中国注册会计师协会是由 1988 年 11 月 15 日成立并接受财政部监督、指导的中国注册会计师协会和 1992 年 9 月 8 日成立并接受审计署监督、指导的中国注册审计师协会于 1995 年 6 月 19 日联合组成的注册会计师组织。联合后的中国注册会计师协会依法对全国社会审计行业实行管理，依法接受财政部、审计署的监督、指导，依据《中华人民共和国注册会计师法》和《中国注册会计师协会章程》行使职责。

中国注册会计师协会的会员有三类：个人会员、团体会员和名誉会员。目前已有个人会员约 13 万人，其中注册会计师 6 万余人；非执业会员 6 万余人；团体会员 4800 多家。中国注册会计师协会的会员拥有一定的权利和义务，入会须履行申请和登记手续。

中国注册会计师协会作为注册会计师行业的自律性组织，依法加强自律性监管，指导、督促注册会计师公正执业，严格遵守职业道德规范；加强执业标准建设，强化业务指导，不断提高注册会计师执业水平；认真组织注册会计师考试，完善后续教育制度；及时向政府有关部门反映注册会计师的意见和建议，努力改善注册会计师的执业环境；提供必要的专业援助，维护注册会计师的合法权益；加强行业与国际组织、执业机构的交流与合作。

（二）地方注册会计师协会

省、自治区、直辖市注册会计师协会是注册会计师的地方组织。省、自治区、直辖市注册会计师协会的章程，由省、自治区、直辖市会员代表大会制定，并报省、自治区、直辖市人民政府财政部门备案。

（三）会计师事务所

会计师事务所是注册会计师依法承办业务的机构。从世界范围来看，会计师事务所的形式包括独资、普通合伙制、股份有限公司制、有限责任合伙制四种。我国《注册会计师法》规定，不准个人设立独资会计师事务所，只批准有限责任会计师事务所和合伙会计师事务所。

注册会计师可以发起设立有限责任会计师事务所。有限责任会计师事务所是指由注册会计师出资发起设立、承办注册会计师业务并负有限责任的社会中介机构。在以有限责任方式设立的情况下，会计师事务所以其全部资产对其债务承担责任，会计师事务所的出资人承担的责任以其出资额为限。

会计师事务所可以由注册会计师合伙设立。合伙设立的会计师事务所债务由合伙人按出资比例或者协议的约定，以各自的财产承担责任，合伙人对会计师事务所的债务承担连带责任。

随着社会主义市场经济的迅速发展，社会各方面对会计师事务所提供服务的需求也会日益增加。中国的会计师事务所应当利用逐步改善的外部环境，加快自身的发展，走向规范化的运作，实现业务的多元化和发展的规模化，进一步加强国际合作，提高自身的竞争实力。

（四）财政部门

国务院财政部门和省、自治区、直辖市人民政府财政部门，依法对注册会计师、会计师事务所和注册会计师协会进行监督、指导。

2002 年 11 月 15 日财政部发布的《关于终止委托注册会计师协会行使的行政管理职能的通知》规定“注册会计师协会批准设立外国会计师事务所常驻机构、审批注册会计师执业准则、规则，以及对省级财政部门批准设立的会计师事务所和省级注册会计师协会准予注册的注册会计师人员名单实行备案等职能由会计司行使。中国注册会计师协会负责行业自律管理，主要包括：拟定执业规则；会员注册及管理；组织考试和继续教育；对会员进行行业监督和内部惩戒等”。

（五）证券监督管理委员会

中国证券监督管理委员会是国务院直属事业单位，是全国证券期货市场的主管部门，成立于 1992 年 10 月。1998 年国务院将原国务院证券委员会的职能和中国人民银行履行的证券业务监管职能都划入中国证券监督管理委员会，此后，中国证券监督管理委员会就成了全国统一的证券监督管理机构。它会同中国注册会计师协会对从事证券业务的会计师事务所和注册会计师的执业资格进行审核确认，并对取得资格的会计师事务所和注册会计师执行证券业务的情况进行监督。

（六）审计署

审计署是中华人民共和国的最高审计机关，在国务院总理的领导下，依法组织领导全国的审计工作，对国务院各部门和地方各级政府的财政收支、对国家的财政金融机构和企事业组织的财务收支进行审计监督。审计署对国务院负责，向其报告。

三、注册会计师资格的取得与保留

注册会计师是经过专门培训并符合执业条件的人员。执业条件包括个人品德、教育程度、考试和专业经验等方面，各国对注册会计师资格的要求不完全相同。我国于 1991 年建立了注册会计师全国统一考试制度，并从 1994 年起规定，取得注册会计师资格必须通过注册会计师全国统一考试。2009 年财政部发布了《注册会计师全国统一考试办法》，2014 年 4 月，修改后的《注册会计师全国统一考试办法》开始实施。

下面就我国注册会计师考试与注册制度的具体内容予以简要介绍。

（一）报名条件

符合下列条件的中国公民，可以报名参加注册会计师全国统一考试：

(1) 具有完全民事行为能力;

(2) 具有高等专科以上学校毕业学历,或者具有会计或相关专业中级以上技术职称。

有下列情形之一的人员,不得报名参加注册会计师全国统一考试:

(1) 被吊销注册会计师证书自处罚决定之日起至报名截止日止不满5年者;

(2) 参加注册会计师全国统一考试违规受到停考处理,期限未满者。

(二) 考试内容和形式

第一阶段,即专业阶段,主要测试考生是否具备注册会计师执业所需的专业知识,是否掌握基本技能和职业道德要求。第一阶段的考试科目包括:会计、审计、财务成本管理、公司战略与风险管理、经济法、税法6科。第二阶段,即综合阶段,综合阶段考试设职业能力综合测试1个科目。主要测试考生是否具备在注册会计师执业环境中运用专业知识,保持职业价值观、职业态度与职业道德,有效解决实务问题的能力。考生在通过专业阶段考试的全部科目后,才能参加综合阶段考试。

每科考试均实行百分制,60分为成绩合格分数线。考试为闭卷,采用计算机化考试方式或者纸笔考试方式。

专业阶段考试的单科考试合格成绩5年内有效。对在连续5个年度考试中取得专业阶段考试全部科目考试合格成绩的考生,财政部考委会颁发注册会计师全国统一考试专业阶段考试合格证书。对取得综合阶段考试科目考试合格成绩的考生,财政部考委会颁发注册会计师全国统一考试全科考试合格证书。

(三) 注册登记

参加注册会计师全国统一考试成绩合格,或者经依法认定或考核具有注册会计师资格,并在中国境内从事审计业务工作2年以上者,可以向省级注册会计师协会申请注册。

有下列情形之一的,不予注册:

（1）不具有完全民事行为能力的；

（2）因受刑事处罚，自刑罚执行完毕之日起至申请注册之日止不满5年的；

（3）因在财务、会计、审计、企业管理或者其他经济管理工作中犯有严重错误受行政处罚、撤职以上处分，自处罚、处分决定生效之日起至申请注册之日止不满2年的；

（4）受吊销注册会计师证书的处罚，自处罚决定生效之日起至申请注册之日止不满5年的；

（5）因以欺骗、贿赂等不正当手段取得注册会计师证书而被撤销注册，自撤销注册决定生效之日起至申请注册之日止不满3年的；

（6）不在会计师事务所专职执业的；

（7）年龄超过70周岁的。

国务院财政部门发现注册会计师协会的注册不符合注册会计师法规定的，应当通知有关的注册会计师协会撤销注册。

注册会计师有下列情形之一的，由所在地的省级注册会计师协会撤销注册，收回注册会计师证书：

（1）完全丧失民事行为能力的；

（2）受刑事处罚的；

（3）自行停止执行注册会计师业务满1年的；

（4）以欺骗、贿赂等不正当手段取得注册会计师证书的。

四、注册会计师继续教育

随着市场经济体制改革的不断深化，以及注册会计师行业的飞速发展，对行业人才队伍建设提出了新的更高的要求。为了应对快速发展的新要求，各主要国际行业组织和国际会计师联合会均对注册会计师提出了继续教育要求。2005年3月，中注协启动了《培训制度》的修订工作。2006年中注协发布《中国注册会计师继续教育制度》，于2007年1月1日起实施。

（一）继续教育形式

注册会计师继续教育形式包括两种，一种是有组织形式，另一种是其他形式。有组织形式，按主办机构划分为：中注协和地方协会自行培训，委托专业培训机构培训和事务所内部培训。其他形式主要包括撰写发表专业论文和出版书籍，参加行业业务质量检查，担当注册会计师继续教育培训的授课人、研讨会的主持人或演讲人等八种形式。

（二）继续教育学时确认

1. 继续教育考核周期和培训学时。注册会计师继续教育以 2 年为一个考核周期，每个考核周期接受继续教育学时不得少于 80 学时，每年不得少于 30 学时。每年 7 月 1 日以后注册的注册会计师可以不参加当年的继续教育培训。6 月 30 日以前注册的注册会计师应当完成当年的培训学时。

为能使注册会计师保持专业胜任能力，达到知识不断更新的目的，注册会计师应当参加一定学时的有组织形式继续教育培训。为此，《继续教育制度》中制定了保证性条款，即：在每个培训考核周期（两年）内，其他继续教育形式的培训学时最多确认为 60 个学时，注册会计师还应当完成至少 20 个有组织形式的继续教育培训。

（三）会计师事务所内部培训

为充分利用事务所内部的继续教育资源，保证绝大多数注册会计师完成继续教育，《继续教育制度》中对事务所内部培训资格做了规定。事务所达到规定要求的，其组织的内部培训可确认继续教育学时。省级地方协会可在《继续教育制度》规定的基础上，制定本地区事务所内部培训资格管理办法，报中注协备案。

五、注册会计师的业务范围

《注册会计师法》规定，注册会计师依法承办审计业务和会计咨询、会计服务业务。审计业务属于法定业务，非注册会计师不得承办。在审计业务中又包括以下四种：①审查企业会计报告；②验证企业资本；③办理企业合并、分立、清算事宜中的审计业务；④办理法律、行政法规规定的其他审计业务。通常会计咨询、会计服务业务包括资产评估、代理记账、税务代理及管理咨询等业务。

从目前的发展趋势来看，会计师事务所的审计业务比重在日益下降，业务范围向着多样化方向发展，非审计的鉴证业务和相关服务的种类越来越多，比如预测性财务信息审核、风险管理鉴证、养老鉴证、系统鉴证、网络认证等其他鉴证业务，以及代编信息、商定程序和税务咨询、管理咨询等相关服务。目前最显著的特征是，在全球范围内，会计师事务所的管理咨询服务得到了蓬勃发展，例如"四大"会计公司的非审计收入比重已经超过了审计服务的收入比重，非审计服务收入的增速远远高于审计和鉴证服务的增速。因为随着经营环境的逐步改变，市场对拥有丰富经验和专业知识的注册会计师提出了更多的要求，而且由于审计业务已经趋于成熟，成长的空间有限，会计师事务所的发展必然需要拓展更广泛的业务领域。

六、国际资格

（一）ACCA

特许公认会计师公会（The Association of Chartered Certified Accountants，ACCA），是得到皇家特许头衔的英国四大拥有法定权力会计师公会之一，也是世界上最著名的会计师专业团体之一。同时特许公认会计师公会亦是国际会计准则理事会（IASB）和国际会计师联合会（IFAC）的创始成员。

ACCA 总部位于英国格拉斯哥，公会专门向世界各地提供特许公认会计师资格专业考试，现时全球 180 多个国家和地区有超过 17 万名 ACCA 会员和 43.6 万名学生会员。与此同时，ACCA 在马来西亚，中国的北京、上海、广州、成都、深圳和香港特别行政区及澳门特别行政区设有 ACCA 地方代表处或联络处。

ACCA 考试是按现代企业财务人员需要具备的技能和技术的要求而设计的，共有 14 门课程，两门选修课。

1. 基础阶段课程列表

表 5－1　ACCA 基础阶段课程

课程类别	课程序号	课程名称（中）	课程名称（英）
知识课程	F1	会计师与企业	Accountant in Business（AB）
	F2	管理会计	Management Accounting（MA）
	F3	财务会计	Financial Accounting（FA）
技能课程	F4	公司法与商法	Corporate and Business Law（CL）
	F5	业绩管理	Performance Management（PM）
	F6	税务	Taxation（TX）
	F7	财务报告	Financial Reporting（FR）
	F8	审计与认证业务	Audit and Assurance（AA）
	F9	财务管理	Financial Management（FM）

2. 专业阶段课程列表

表 5－2　ACCA 专业阶段课程

课程类别	课程序号	课程名称（中）	课程名称（英）
核心课程	P1	公司治理，风险管理及职业操守	Governance，Risk and Ethics（GRE）
	P2	公司报告	Corporate Reporting（CR）
	P3	商务分析	Business Analysis（BA）
选修课程	P4	高级财务管理	Advanced Financial Management（AFM）
	P5	高级业绩管理	Advanced Performance Management（APM）
	P6	高级税务	Advanced Taxation（ATX）
	P7	高级审计与认证业务	Advanced Audit and Assurance（AAA）

（二）CGA

加拿大注册会计师协会（Certified General Accountants Association of Canada，CGA），成立于1913年。除加拿大外，在加勒比海地区、百慕大群岛、中国香港及中国内地都有会员和学员。

CGA课程设置了四个级别+综合考试，共19门课程，涵盖了财务、会计、统计、经济、法律、税务、审计、金融、计算机管理信息系统等领域。根据学员过往教育背景及专业背景，经评估后部分课程可能获得豁免，会计本科基本可以豁免8~9门课。学员可从不同级别开始学习。

第一级别（基础）到第四级别（高级）课程：每门课程学习结束后，学生须参加一个3小时的全球统一考试（获学分豁免的课程不需参加考试）。专业阶段（PACE）课程：每门课程学习结束后，学生须参加一个4小时的全球统一考试。全球统一考试的及格分数是65%，考生必须获得及格或以上的分数才能通过该门课程。

除商务沟通外的第1~4级别课程考核分数的一部分（30%）来自每周的测验成绩。课程体系由浅入深，分为5个级别共19门课程，每门课程的教材包含一本美国、加拿大高等院校会计学本科、研究生专业普遍使用的英文原版教材（Textbook）、一本协会自主研发满足职业会计师专业胜任能力教育的讲义（Lesson Notes）和一张包含课程所需计算机软件、案例、练习题和作业等的光盘（CD－ROM）。

表5－3　CGA的课程级别

Level 1	Level 2	Level 3	Level 4
· Financial Accounting 1 – FA1（财务会计） · Economics 1 – EM1（经济学） · Law 1 – LW1（法律）	· Financial Accounting 2 – FA2（财务会计） · Quantitative Methods 1 – QU1（定量方法）	· Financial Accounting 3 – FA3 & Business Case 1 – BC1（财务会计3及案例） · Finance 1 – FN1（财务管理）	· Accounting Theory 1 – AT1（会计理论） · Management Accounting 2 – MA2（管理会计）

续表

Level 1	Level 2	Level 3	Level 4
·Computer Tutorials CT1 – 3（计算机辅导）（不考试）	· Management Accounting 1 – MA1（管理会计） · Communications 1 – CM1（高级商业英语写作）	·Management Information System 1 – MS1（管理信息系统）	· Auditing 1 – AU1 & Business Case 2 – BC2（审计1及案例） · Taxation 1 – TX1（加拿大税） · Professional Admission Comprehensive Examinations（PACE Level）（专业资格综合考试） · Financial Accounting 4 – FA4（财务会计） Finance 2 – FN2（财务管理） · Management Information System 2 – MS2（管理信息系统） · Professional Applications 1&2 – PA1&2（专业认可综合性考试）

（三）AICPA

美国注册会计师协会（American Institute of Certified Public Accountants，AICPA），成立于1917年，是美国全国性会计职业组织，也是世界上最大的会计师专业协会，在全球128个国家与地区拥有近37万名会员，其宗旨是：提高职业水平；联合全国的注册会计师，建立统一的会计职业组织；通过授课方式交流职业知识；建立行业图书馆；确保注册会计师这一称号被各州法律所承认。美国CPA考试一年按照四个季度分为四个考试窗口（Test Window）开放考试，除了每年的3、6、9、12月不能考以外其他每个月的每一天都可以考试。注意：考试时间不能是美国国家假日，同时每一周周日不开放考试。考生不可在同一考试窗口重考同一科目，须等到下一个考试窗口；同一个科目每人每年可以考四次。

表 5-4　AICPA 的考试情况

科目内容	题型及比重	考试时间
Part 1：审计与鉴证	单项选择题组（占 60%）和模拟案例题组（占 40%）	4 小时
Part 2：财务会计与报告	单项选择题组（占 60%）和模拟案例题组（占 40%）	4 小时
Part 3：法规	单项选择题组（占 60%）和模拟案例题组（占 40%）	3 小时
Part 4：商业环境	单项选择题组（占 85%）和模拟案例题组（占 15%）	3 小时

第三节　经典审计著作导读

一、审计理论

回顾审计发展历程，诸多专家、学者为审计理论的建设和发展做出了重要的贡献，早在 19 世纪末 20 世纪初就成功出版了一批审计书籍，它们从不同的角度解答审计实务中出现的各种问题，并通过对各种理论因素加以整理，指导人们更有效地开展审计实务工作。其中有代表性的著作主要包括：

(1) 1881 年，［英］F. W. 皮克斯利的《审计人员——他们的义务和职责》。该书是世界上第一部关于审计基础和审计实务的名著，论述了公司法的历史、选举审计师的方法、会计和审计法规、簿记理论与审计、审计基础理论、公司发表的计算书的格式、资产负债表和损益表账户中的重要项目、审计师的义务和职责等。① 此后，该书又增加了审计

① A. C. Littleton. Accounting evolution to 1900, 1933: p23.

师的地位、分配红利时应得利润、审计证明和报告等内容。《审计人员——他们的义务和职责》一书不仅创造性地提出了一系列的审计基础理论，而且在推动审计理论的发展过程中，发挥着重要的作用。

（2）1892 年，［英］劳伦斯·R. 狄克西的《审计学——审计人员的实务手册》。这本著作被公认为现代审计理论的奠基之作之一，它对审计理论的发展产生了深远的影响。该书主要根据英国的公司法和法院判决编著而成，集中反映了当时英国审计思想和审计制度的精华。

（3）［美］R. H. 蒙哥马利 1911 年的《美国经营手册》和 1912 年的《审计学——理论与实务》。在《美国经营手册》一书中，蒙哥马利提出了资产负债表审计的概念，他指出，资产负债表审计指的是对资产和负债是否正确地反映了目前真实的财务状况的审计。[①] 这一观点的提出，有力地推动了现代审计的发展。

上述著作主要是在阐述审计实务的基础上对审计理论进行了深入思考，并得出一些有益的理论观点，这对于推动审计理论的建立发挥了不可磨灭的作用，但未对审计理论结构加以系统研究，也并未真正建立起一套自成体系的审计理论，从而说明审计理论研究仍然处于萌芽阶段。

在审计理论的建设和发展过程中，重要的里程碑主要有三个。

（一）《审计理论结构》的出版

1961 年，［美］罗伯特·K. 莫茨教授和［埃及］侯赛因·A. 夏拉夫（莫茨的学生）共同出版了《审计理论结构》（The Philosophy of Auditing），这是世界上第一部将审计理论作为一门独立的学科加以论述的重要著作。全书共分 10 章，由审计理论探索、审计方法、审计假设、各种审计理论概念、审计证据、适当反映、独立性、道德行为和审计的展望等部分组成。该书第一次从哲学的高度系统地、科学地研究了审计理论，其独到之处主要表现在：

---

① R. H. Montgomery. The American Business Manual，1911：p1095.

（1）该书指出了审计理论的存在和建立审计理论的必要性。作者认为在审计行为和思维的背后，存在着理论根据和基本原理，将这些根据和原理抽象化、系统化，对于解决审计实务问题是至关重要的。审计理论一旦产生，就会成为一种积极的力量，帮助审计实务人员了解审计实践活动的规律，并按合理和一致的方法解决不断遇到的棘手问题。[①]

（2）对于各种审计现象，作者从理解（Comprehension）、展望（Perspective）、洞察（Insight）、想象（Vision）四个角度进行了哲理式的思考、提炼和升华。理解，即用概括性的眼光对审计理论进行全面的思考。展望，即从综合、相互联系的角度考虑每一个审计问题。洞察，即超越偶然认可的惯例或信念去深刻认识推论的前提。想象，即超越时空，预测审计理论的发展。

（3）从集合科学的角度来研究审计理论。作者认为审计具有集合科学的性质，他们将数学、行为科学、逻辑学、沟通学、伦理学等学科的一些研究方法渗透到审计中来，在一个更坚实的基础上，研究审计理论这门崭新的科学。

（4）系统论述了重要的审计概念。审计概念反映了审计学的本质，是人们对审计学科的基本认识，是审计理论赖以建立的基础。在该书中，作者系统地陈述了审计证据（Evidence）、应有关注（Due Audit Care）、公允表达（Fair Presentation）、独立性（Independence）、道德行为（Ethical Conduct）等审计概念。

（5）逻辑地阐述了审计的理论结构。作者首先介绍了以数学、逻辑学和形而上学为核心的基础部分，继而依次论述了由基本哲学、审计假设、审计概念、应用标准、实务应用领域五部分组成的审计理论结构图，从而较为清晰地反映了审计理论各部分之间的内在联系。

《审计理论结构》是一部世纪巨著，是一部影响深远的审计理论

① 文硕．世界审计史［M］．北京：中国审计出版社，1990.

力作。它的出版在审计界引起了巨大反响，受到全世界审计理论和实务工作者的极大赞誉。最有代表性的评论是："在莫茨和夏拉夫的著作出版之前或之后，恐怕没有一份审计文献具有如此大的影响和被如此广泛的引用"，它对审计理论的论述"像一座灯塔，引导着审计理论研究的航向"。①

（二）《基本审计概念说明》的出版

1972 年，美国会计学会正式出版了《基本审计概念说明》（A Statement of Basic Auditing Concepts），这是一本对审计理论研究者和审计实务工作者均有助益的出色文献，它从深度和广度两个方面将审计理论的研究又向前推进了一大步。该书共分五部分：序、审计的作用、调查过程、报告过程、补论—调查过程（证据的收集和评价）。该书对审计理论建设的卓越贡献主要表现在以下四个方面：

（1）该书明确指出了审计的定义，认为审计是一个系统的过程，它客观地收集和评价有关经济活动与经济事项认定的证据，以便证实这些认定与既定标准的吻合程度，并将其结果转达给有关用户，因而审计的作用在于帮助用户判断信息，即具有验证职能。这是迄今为止最权威的定义。

（2）该书研究了审计假设、审计概念和合理论证三者之间的相互关系，为探讨审计理论的结构奠定了基础。

（3）该书运用沟通理论论述了报告过程，认为审计师相当于发送者，审计报告相当于所传送信息的内容，审计报告书相当于媒介体，会计信息使用者相当于接收者，审计的作用在于提高会计信息的价值，审计过程的主要受益者是会计信息的利用者。

（4）该书对审计过程中的种种风险提出了许多十分深刻、有用的见解，为指导审计师正确地评价审计证据提供了合理的理论依据；还明确了审计的社会作用，提出了信息价值增加论。

---

① 汤云为，吴云飞．审计理论［M］．北京：中国审计出版社，1990.

《基本审计概念说明》始终是在审计实践基础上分析研究审计理论问题，论证严谨、思维缜密、内容丰富、建议稳健，将审计理论在莫茨和夏拉夫工作成果的基础上进一步拓展，对审计理论和实务发展的贡献是巨大的。[①]

（三）《审计理论——评价、调查和判断》的出版

1978 年，［美］C. W. 尚德尔编著的《审计理论——评价、调查和判断》（Theory of Auditing：Evaluation，Investigation and Judgment）一书正式出版。该书进一步丰富和发展了莫茨和夏拉夫的审计理论思想，被誉为审计理论发展史上的第三座里程碑。作者以基本假设（Postulate）、定理（Theorems）、结构（Structure）、原则（Principles）和标准（Standards）为基础，论述了审计的基本原理，并就审计理论建设问题，大胆地提出了自己的设想。尚德尔的贡献主要在于：

（1）从信息论的角度对审计理论进行了全面的研究，将审计置于更为广阔的空间，并由信息传递过程中给出一般意义上的审计定义，认为审计是“人们为了证实是否遵循某些标准而形成意见和判断的评价过程”。

（2）明确了理论概念和结构，研究了审计假设、审计概念和审计程序，提出了审计假设的质量要求及判断审计概念的原则。

（3）进一步区分了审计调查和查询，将审计调查延伸到未来，提出了计算变动风险的公式。

尚德尔的著作在审计理论研究方面进一步加强了论述的理论性和结构性，更抽象、更注重逻辑思辨。之后，已经很少再出现纯粹的审计理论著作，大部分是与审计实务结合在一起论述审计理论问题。主要包括：［加］R. A. 安德森的《外部审计学》、［英］汤姆·李的《企业审计》、［英］大卫·费林特的《审计理论导论》、［美］蒙哥马利的《蒙氏审计学》、［美］道格拉斯·R. 卡迈克尔等的《审计概念

---

① 萧英达等．国际比较审计［M］．上海：立信会计出版社，2000.

与方法：现行理论与实务指南》、［美］大卫·N. 里基特的《审计学——概念与准则》和［美］阿伦斯与洛贝克的《审计学——整合方法研究》、［日］三泽一的《审计学》等。这些著作虽然也论及审计理论，不断丰富、发展审计理论体系，但对审计实务的贡献是更为直接的。

二、审计学教材

（一）《审计学：一种整合方法》

《审计学：一种整合方法》的作者是美国的阿尔文·A. 阿伦斯，兰德尔·J. 埃尔德，马克·S. 比斯利。阿尔文·A. 阿伦斯（Alvin A. Arens），密歇根州立大学会计学教授，曾任美国会计学会主席、美国注册会计师协会审计准则委员会成员。他的主要研究领域是审计，每年至少为本科生开设一个学期的审计课程。阿伦斯教授曾在多家会计师事务所从事审计工作，获得过多项荣誉，包括美国会计学会颁发的杰出审计教育工作者奖、美国注册会计师协会颁发的杰出教育工作者奖等。兰德尔·J. 埃尔德（Randal J. Elder），雪城大学会计学教授。他为本科生和研究生讲授审计课程，主要研究审计质量和审计事务所的当前实务。他拥有在大型地区性会计师事务所从事公共会计实务的广泛经验，经常为大型国际性注册会计师事务所讲授继续教育课程。他还是美国注册会计师协会和密歇根注册会计师协会的会员。马克·S. 比斯利（Mark S. Beasley），德勤企业风险管理教授和北卡罗来纳州立大学会计学教授。

该书在中国审计界一般通称为“阿伦斯审计学”，在中国有比较大的影响。第十版阿伦斯审计学充分反映了审计学的最新发展，尤其是信息技术在审计中的应用。该书介绍了审计职业界的基本情况、重点讨论了整个审计过程（尤其强调审计决策过程），并论述了审计过程在几个业务循环中的具体应用。

该书属于审计专业的入门教科书，读者对象是没有审计经验的学生或其他刚刚从事审计工作的人员。该书的特点是强调审计人员的决策过程，比如收集哪些审计证据、收集多少审计证据、如何收集审计证据等。该书将重要的和基本的审计概念与过程紧密联系在一起，使得学生能够很好地理解审计的决策过程。目前，这本书已经出版了第十四版。

（二）《蒙哥马利审计学（第十二版）》

罗伯特·H. 蒙哥马利（1872—1953）生前是美国会计和审计行业的领袖，他于1905年出版了英国审计学家迪克西《审计》一书的美国版，从而为美国审计学界贡献了第一本审计学专著。1912年，他又出版了美国历史上的第一本审计实务著作——《审计：理论与实务》。其后该书不断推出新版。从第七版起，为了纪念蒙哥马利为美国会计和审计行业所做的杰出贡献，该书被更名为《蒙哥马利审计学》。

第十二版的内容包括四个部分：

第一部分：审计环境，旨在帮助读者理解审计师执业时所处的环境；

第二部分：审计理论与概念，只是在概念层次而非账户层次对有关内容进行了探讨，为读者理解审计计划及执行的方式提供了概念基础；

第三部分：特定账户的审计，涵盖了需要被审计的所有领域，介绍了如何将审计概念应用于审计实践中，包括如何对构成审计对象主体的特定账户余额及披露事项进行审计；

第四部分：完成审计工作及审计报告，在起草审计报告这一财务报表阅读者所能看到的审计工作的外显形式时，审计师的工作得到了准确而精练的表述。

《蒙哥马利审计学》堪称世界范围内容最丰富、权威性最高的审计巨著。对于我们了解和借鉴国外最新审计理论与实务而言，本书是最理想的权威性工具书和必读之书。

第十二版的作者有四位：

文森特·M. 奥赖利，注册会计师，本书第十一版的作者之一。他曾担任职业实务及服务质量委员会的执行副主席，并曾担任永道会计公司管理委员会委员，以及会计及审计分委会的副主席一职。现任波士顿大学卡罗尔管理学院资深讲师。基于其对审计行业所做的杰出贡献，他于1997年荣获由美国注册会计师协会上市业务部所属的公共监督委员会颁发的约翰·J. 麦克洛伊奖。

巴里·N. 威诺格拉德，注册会计师，普华永道国际会计公司的全球增信业务领导人，负责该公司增信业务的方法体系及相关培训工作。他还负责监督该公司全球范围内的业务质量方法的研究及实施工作。他同时还向金融服务行业的客户提供审计服务，并提供在内部控制、衍生金融工具、兼并等特殊领域的服务。他是美国注册会计师协会财务报告特别委员会的成员。

詹姆斯·S. 格尔森，注册会计师，普华永道国际会计公司增信业务政策及沟通项目领导人，负责审计政策及实务的研发工作，包括实务辅助教材的开发。他是美国注册会计师协会审计标准委员会的副主席，曾任美国注册会计师协会上市业务部同业复核委员会委员一职。他还曾服务于美国注册会计师协会的财务报告协调委员会以及员工福利计划委员会。

亨利·R. 耶尼克，博士，注册会计师，德雷克塞尔大学的会计学教授，本书第十版及第十一版的作者之一。他是审计师责任委员会的主要咨询师。基于其对财务会计准则委员会的研究成果——“对收益、费用、盈余及损失确认的执业现状调查”一文，他荣获了美国会计协会的改进会计实务最佳研究贡献奖（Wildman Medal）。

本章小结

本章主要介绍了会计师事务所的四种主要组织形式，介绍了中国注册会计师协会提出的会计师事务所综合评价情况，介绍了著名的国际四大会计师事务所基本情况。说明了中国注册会计师资格考试情况，介绍了国际上其他主要的资格考试基本情况。推荐了若干著名审计理论专著和主流的审计学教材。

第六章

课程体系：分析和解读

◎**知识目标**：掌握审计学与会计学的区别，了解审计学的学科地位。理解审计学的专业课程设置的目的。

◎**能力目标**：能够根据审计学前导课程和扩展知识的基本内容进行扩展。对于新开没的课程，能够理解其在整个审计学课程体系中的地位和作用。

第一节　审计学的学科属性和学科地位

一、审计学的学科属性

审计学专业在我国开设时间已经将近30年，它属于一个新兴和成熟相互交织的专业。说其是新兴专业，是基于我校开设审计学专业以及审计学专业近年来在全国范围内的兴起而言；说其成熟，是基于审计学专业在一些高校已经成功开设多年，并取得了长足进步。既然审计学专业具有多重特质，那么，审计学专业属性，即审计学专业特质究竟具体表现在哪些方面呢？

（一）审计学属于管理类学科

审计行为是人类社会发展到一定阶段时产生的管理活动，是一种对政治活动和经济生活的管理行为。从审计学三大分支来看，对于民主国家而言，政府审计主要是对政府行为的管理、控制和再监督过程；独立审计主要是对资本市场和信息披露的管理；内部审计主要是对各种类型组织的内部管理。因此，从这一层面来看，审计学隶属于管理类学科是毫无争议的。但是，需要指出的是，审计学的学科属性绝不仅限于管理类，审计学还具有多重特质。

（二）审计学具有高度的综合性

学科具有综合性是指立足于学科内的某一特定对象，运用多学科的知识对其进行分析和研究，或将多学科的知识运用于其中。现代科学和现代技术的发展和创新，促使学科之间相互交叉，相互融合，不仅涌现出很多新兴学科，而且有力促进了单一学科的发展。当下，某一学科绝不能脱离相关学科的支持而单独发展，这是多学科综合发展的必然结果。

审计学的综合性特征是显而易见的。审计学本身就综合了会计学、财务管理、税法和经济法等学科。在审计学内部，抽样审计是统计学和审计学相互渗透而形成的；计算机辅助审计就是运用计算机科学来研究审计学的对象而产生的结果；环境科学本身就是一门综合学科，当审计学和人力资源管理学相结合时，就诞生了人力资源审计。归根结底，审计学本身作为一种技术和方法，一旦拥有相关学科的土壤，必然会形成新的审计学分支。因此，审计学具有高度的综合性。

（三）审计学的交叉性

学科的发展往往会同时体现出两大趋势：一是学科的分支日趋细密，新学科不断涌现；二是学科之间的联系日趋紧密，一些新兴、交叉的边缘科学层出不穷。这两方面的趋势并不是彼此孤立的，而是相互交织的，这就使得某些学科在学科属性上的归属问题变得十分复杂。无论学科如何发展，判断学科归属的根本思路在于“为体为用”的判定。不管是双向交叉还是多向交叉，总会有一个方面是根本的，即所谓“体”，而其他方面则是为“体”服务的，即所谓“用”。交叉学科的认识应注重的是“体”而不是“用”（刘明辉、方红星，1996）①。

审计学的学科归属问题便是一例。管理审计、环境审计等皆是审计方法和某一类专业进行结合的结果。在节能环保和排污减排的

---

① 刘明辉等．论“社会会计”的学科属性——兼论复式簿记原理与会计的关系［J］．财经问题研究，1996.

环境下提供相关审计服务时，更多的是从环保专业出发，需要采用大量的环保专业知识。财政部在2006年颁布的风险导向审计准则体系中，也有专门的准则提及审计实务领域利用专家工作情况下，注册会计师需要注意的地方。这些都明确说明了，审计学科的发展需要其他学科的支持。从高校审计学专业建设来看，如果要走出一条具有专业特色的专业培养道路，审计学专业必须和其他相关学科建立联系，如果有工科背景，那么可以开展工程审计课程；如果有基建专业的，那么可以开展基建审计课程；等等。审计学必须在学科的交叉性方面有所建树。

（四）审计学的应用性

审计学是比较典型的应用学科。审计学既是一项“科学”，也是一项“艺术”。说其是科学，是由于其具有系统理论（后文将述及）；说其是“艺术”，原因在于它需要在实践中表现出来。审计学解决的是社会政治、经济生活的受托责任关系。对于政府审计而言，是形成一种对受托责任关系的证明能力；对于独立审计而言，是形成一种对受托责任关系的监督能力；对于内部审计而言，是形成一种对受托责任关系的评价能力。当然，这三种能力的区分并非绝对，而是相互交织的。在实践过程中，审计学的理论体系得以形成和发展。一些重大的审计技术和方法的革新也是来源于实践推动。

综上所述，审计学的学科属性非常明确：审计学属于管理类学科，其本身具有高度综合性，与相关学科之间具有鲜明的交叉性，是一门极为重视实践的学科。

二、审计学的学科地位

审计学的学科地位长期以来受到质疑，普遍的观点认为审计学仅仅是会计学的一个分支而已，极端的观点则认为审计学本身并无理论体系和学科地位，无法登上“学科”的大雅之堂。审计学究竟有无明确的学科地位？审计学与会计学的关系真的是归属关系吗？

解答这些问题必须着眼于审计学的发展历程、审计学与会计学的区分度。

（一）审计学具有悠久的发展历史

审计学是研究审计产生和发展规律的学科，因此，考察审计学的学科地位必须从审计活动的历史开展。审计活动是随着人类生产活动的发展而逐渐产生的，至今为止，审计活动基本上可以分为三种类型，由此也形成了不同的审计对象，在此基础上形成的审计学科也具备了基本的研究对象。这三种类型分别为：政府审计、注册会计师审计和内部审计。

政府审计的起源是最早的。当社会经济发展到一定程度，国家机构日趋庞大，财政收支不断增加，统治者不能亲自和经常地进行财政审查和监督的时候，国家审计便应运而生。国家审计产生的内在原因还是财产的“所有者”——统治者与财产的管理者——各级官吏之间所存在的经济责任关系。当统治者不能亲自检查这种经济责任的履行情况时，审计人员和机构的出现便成为必然。西方的古埃及、古罗马、古希腊、西班牙以及法国等国都先后出现过类似的情况。

注册会计师审计活动起源于意大利，形成于英国，发展及完善于美国。16 世纪，威尼斯成为东西方贸易的中心，对资金的需求增加导致合伙制企业的产生，从而在管理上产生了所有权与经营权的分离，在会计上提出了会计主体的概念及复式记账产生，合伙人对审计的要求也应运而生。18 世纪，英国资本市场的发展、股份制企业的产生促使审计在英国迅速发展。1721 年的南海公司以虚假会计信息骗取投资事件的暴露，使英国制定了《公司法》，其中首次确定了注册会计师法定审计制度。20 世纪，注册会计师制度传入美国，随着美国经济的发展以及美国世界经济中心地位的确定，注册会计师审计制度在美国得到不断完善。注册会计师审计已由详细审计发展到对制度基础审计，随后又发展到对风险导向审计，审计的服务对象、受托责任范围也处于不断扩展之中。

内部审计的历史几乎与国家审计一样悠久。20 世纪初，内部审计首先在美国产生，后来在英国、日本有所发展。在近代内部审计的发展中，形成了经营审计、管理审计和效益审计。内部审计的职能，也从监督、控制转向评价，由事后审计发展到事前监督和评价。我国现代内部审计起步于 1984 年，是我国经济体制改革的产物，并随着商品经济的发展、社会主义市场经济的建立而发展、壮大。内部审计已经成为我国现代企业管理中不可缺少的组成部分。

（二）审计学具有独立的研究对象

审计学是对审计实践活动在理论上的概括、反映和科学总结，并用来指导审计实践活动。

在当代，为了能正确理解与掌握不同的审计研究对象，有必要按照一定的标准，对审计予以科学的分类。例如：按审计主体的不同，可以划分为政府审计、内部审计和注册会计师审计；按审计范围的不同，可以划分为全面审计和局部审计，综合审计和专题审计；按审计的时间不同，可分为事前审计和事后审计，期中审计和期末审计，定期审计和不定期审计；按审计地点不同，可分为就地审计、送达审计和远程网络审计；按审计动机，可分为法定审计和任意审计；按照审计的目的、内容的不同，可分为财务报表审计、合规审计（Compliance Audit）和经营审计（Operational Audit）。这些不同的研究对象已经完全独立于会计学的研究对象。因此，审计学具有独立、特定的研究对象。

（三）审计学科具有独立的学科体系

现代审计是现代市场经济发展的产物。由于受托责任范围的扩大，除了传统的财务审计之外，经营审计、管理审计、绩效审计也应运而生。随着股份公司的发展，跨国公司的涌现，也促进了内部审计的发展。信息时代又促使审计电算化的诞生。上述这些都为现代审计体系的建立和发展创造了良好的条件。在审计实务大发展的过程中，审计理论结构体系也在逐步形成。审计学科已经形成了独立的学科体系，这一学科体系是无法被其他任何学科包容或代替的。

审计学科体系的主要研究对象是审计理论、审计方法、审计组织和审计制度等审计活动。因此，比较公认的现代审计学科体系是由审计理论、审计应用学、审计技术学、审计史学四个分学科组成的。审计理论主要研究审计基本概念、原理和规律。它包括审计学基础理论和比较审计学等。审计学原理属于理论审计学的范畴，主要研究审计基本概念、原理、知识和规律，它对于整个审计学科研究具有指导意义。审计应用学主要研究各类不同目标的审计和各个不同行业的审计以及审计法学。审计技术学主要研究各种审计方式、技术、方法和手段及其应用。审计史学主要研究审计的产生、发展和兴衰存亡的规律性。除上述四类分学科外，也有人认为还应包括边缘审计学，也即审计学和其他社会科学或自然科学交叉与融合的学科。

（四）审计学科具有独立的理论体系和方法体系

衡量一门学科成熟与否的标志是其理论研究的深度。一套系统的、首尾一贯的理论，也是评估其实务正确性的指南。审计学科发展亦如此。虽然，审计实务工作已有悠久的历史，但直到19世纪末至20世纪中叶，审计理论才基本形成体系。

综上所述，审计学科具有独立的研究对象；审计学科具有独立的学科体系，审计学科具有独立的理论体系和方法体系，其相关学科具有明显的区分度。因此，审计学的学科地位应当是明确的：审计学是一门独立的学科。

三、审计学与会计学的关系

（一）审计学与会计学的联系

从某种程度上来说，审计离不开会计，会计是记录和反映企业的经济活动，而审计是对这些经济活动进行监督、审阅、评价，从而评判它们是否真实、合法。因此，“好的审计师必然是好的会计师”——没有过硬的会计学知识就不知道如何去查账、审账，就无法寻找审计线索、发现问题。

尽管目前教育界将审计学划归为会计学的分支学科，但在事实上审计与会计是两种不同的事物，审计学与会计学具有明显的区分度。

1. 产生的动因不同

会计的产生是源于管理上的需要，它是对企事业单位生产经营的各个环节和行政管理部门的经济活动及财务收支进行记录。而审计的产生是源于受托责任和经济监督的社会逻辑需求。如果把信息社会看作是一个信息大工厂，那么会计负责的是信息的生产、制造，而审计负责的是信息的检查、验收。

2. 承担的职能不同

会计虽然也具有经济监督的职能，但它不是专职监督，而是一种业务监督，属于管理的附带职能。会计监督的范围和内容受到其业务工作范围和内容的严格限制，主要对企事业单位生产经营的各个环节和行政管理部门的经济活动及财务收支进行监督。而审计是一种具有独立性的经济监督，审计的对象是被审计单位的经济活动和会计资料，审计审查的内容包括会计，但不限于会计。近年来审计学已经从传统的审计监督发展为鉴证，还包括相关服务，因此，审计学绝不仅仅局限于财务报告，还包括非财务报告以及其他活动，这些活动绝非会计所涵盖的。

3. 工作的方式不同

会计一般采用日常控制和事后检查分析相结合的形式，通过凭证稽核、会计分析和制度执行情况检查等方式来进行监督。但是，审计不仅包含查账，还包括对财务数据计算行为及经济活动进行实地考察、调查、分析和检验。同时，审计只能由专职的审计机构和人员进行。

（二）审计学的独立发展

随着审计职能的扩大，审计学在总结审计实践经验的基础上也得到了迅速发展，出现了抽样审计、内部控制审计、信息系统审计、管理审计、绩效审计等理论。其研究对象包括了审计理论、审计方法、审计组织和审计制度等方面。随着信息社会的到来，强制性信息披露的范围越来越宽、详细程度越来越高，而充斥市场的大量信息只有经过独立审查、验证才可为各方放心使用，这使得对审计鉴证的社会需求将呈几何倍数增长。审计必然不会拘泥于会计的范畴，其将承担起对会计以外的其他信息进行检查的职能，这也预示着审计学具有更广阔的空间和发展的机遇。由此可见，审计是一门独立的学科而不是会计的一个分支。对会计和审计比较准确的定位是：两者是互为补充的同事关系，而不是从属关系。

第二节　各高校审计学课程体系的比较

一、国内高校审计学专业核心课程体系的现状[①]

我们收集了近几年我国多所高等院校的审计学专业本科生培养方案，通过进一步整理和对比这些高校的审计学专业课程体系，从而对我国高校审计学专业课程体系现状形成了一定认识。需要说明的是，在整理这些课程时，我们按照“实质重于形式”原则，将名称不同但课程核心内容类似的课程归为一类进行比较。同时，我们还进一步地将所有专业核心课程分为原理、主体、相关服务等类别，具体课程的比较将在这些类别内展开。

① 部分高校审计学专业课程设置情况的相关内容均来自对应高校的 2014 年官方网站。

（一）部分高校审计学专业课程设置情况

表 6-1　部分高校审计学专业课程设置情况

学校名称	山西财经大学	郑州航空工业管理学院	安徽工业大学	广东商学院	内蒙古财经学院	山东经济学院	新疆石河子大学	天津财经大学
审计原理	基础审计学	审计学原理	审计学基础	审计学基础	审计学原理	审计学原理		审计原理
三种审计主体	社会审计	财务审计学	财务审计	注册会计师审计	企业财务审计	财务审计	社会审计、企业财务审计	独立审计
	政府审计实务	经济责任审计		政府审计		财政税收审计	政府审计	政府审计
	内部审计实务	绩效审计	管理审计	内部审计	经济效益审计	管理审计	内部审计、经济效益审计	内部审计

续表

相关服务	会计咨询与服务	基本建设项目审计	舞弊审计			管理咨询		
	资产评估学						资产评估	
	管理咨询							
内部控制		内部控制学	内部控制学		内部控制评价			
实践教学		审计软件应用	审计案例	电算化会计模拟、会计信息系统、计算机审计、ERP系统模拟实验	审计实验	会计信息系统分析与设计、信息系统审计		计算机审计、审计案例
审计理论	会计师事务所管理、审计学专业发展前沿		审计准则	独立审计准则				西方审计

从表6－1可以看出，各个高校基本上采用的都是三位一体的课程设计思路，即涵盖社会审计、政府审计和内部审计三个方面。但是，在非审计服务领域以及审计理论领域的课程开设并不均衡。新疆石河子大学在实践教学方面与其他高校差距较大。

为了进一步掌握当前我国高校审计学专业课程设置的具体情况，笔者经过反复多次的收集整理相关高校的信息，将更为具体、细致的情况列示如下。

这部分的表格分为两个主题，主题之一是审计学专业前导课程及非审计核心课程，主题之二是审计学专业的核心课程。前导和非核心课程将决定专业的课程设置重心和方向，专业核心课程则体现了各个高校培养目标的落脚点。

（二）部分高校审计学专业前导及非审计核心课程

表6－2　部分高校审计学专业前导课程和非审计核心课程

高校名称	前导课程及非专业核心课程								
天津财经大学	会计学原理	中级财务会计	高级财务会计	财务管理	成本管理会计				财务分析
内蒙古财经大学	基础会计	同	同	同		税法	经济法	会计综合实验	会计信息系统
河北经贸大学	会计学	同	同	财务管理案例	成本管理会计			会计理论专题	财务管理理论专题
山东财经大学		财务会计	同	财务管理	成本会计				信息系统设计
杭州电子科技大学	会计学基础	同	同	同	成本管理会计	税法	经济法		会计信息系统
安徽工业大学	基础会计	同	同	同	成本会计				
安徽财经大学	基础会计学	同	同	同	成本管理会计			会计实务	
郑州航空工业管理学院	同	财务会计学							

续表

高校名称	前导课程及非专业核心课程								
南京审计学院	会计学基础	财务会计		同	成本会计、管理会计				
湖北经济学院	基础会计	同	同	同	成本会计、管理会计	税法	经济法		
浙江财经大学	基础会计	同	同	同	成本会计、管理会计	税法、税务筹划	经济法	证券投资学、国际贸易实务、财务报告分析	会计信息系统、ERP软件操作
湘潭大学	会计学	财务会计				税法	经济法		运筹学
山东工商学院	基础会计	同		同	成本会计				
山东交通学院(工程审计方向)	基础会计			同	同	税法	经济法		会计电算化
山西财经大学	基础会计学	同		同	成本会计学	企业纳税筹划	政府及非营利组织会计	会计制度设计	会计信息系统
吉林财经大学	会计学原理	同	同		成本会计	税法	经济法		
上海立信会计学院	会计学基础	财务会计		同	成本会计、管理会计				
广西财经学院		同		同					
广东财经大学	会计学原理	同			成本会计学	税法、税收筹划	经济法	金融企业会计、建设单位会计	会计信息系统
兰州商学院	会计学基础	同	同	同	成本会计、管理会计		国际财务与会计（双语）	政府与非营利组织会计	管理信息系统

续表

高校名称	前导课程及非专业核心课程								
哈尔滨商业大学	基础会计	财务会计		同	成本管理会计		经济法		
上海海关学院	基础会计	同	同	同	成本会计	税法	经济法	海关稽查	财务报表分析
广东外语外贸大学		财务会计	管理会计						
西南财经大学	会计学原理	同	同	同	成本会计学			内部控制设计	会计信息系统

由表6－2可知，大部分开设审计学专业的高校均开设了包括会计学原理、财务会计、管理会计、成本会计以及税法、经济法在内的前导课程。这些课程的差异程度很小，因为主要的标准在全国甚至国际都是统一的。在前导课程和非专业核心课程中，还有个别学校开设了特色课程，例如，上海海关学院开设了海关稽查，安徽财经大学开设了会计实务等。在内部控制、财务报表分析以及会计信息系统等课程方面，高校之间存在明显的差异。

（三）部分高校审计学专业核心课程

表6－3　部分高校审计学专业核心课程

高校名称	专业核心课程								
天津财经大学	审计学原理	独立审计	政府审计	内部审计	西方审计	计算机审计	审计案例		
内蒙古财经大学	审计原理（含实验）	财务审计（含实验）		经济效益审计				审计综合实验	
河北经贸大学	审计学		同	企业内部审计		审计软件应用技术	同		
山东财经大学	同	财务审计学		管理审计学	审计理论				信息系统设计
杭州电子科技大学	审计学	注册会计师审计与鉴证	绩效审计	内部审计	国际审计	同			

续表

高校名称	专业核心课程								
安徽工业大学	同	财务审计		管理审计	舞弊审计		审计案例	审计准则	内部控制
安徽财经大学	审计学	财务审计		经济效益审计		电算化会计与审计		资产评估	财税审计
郑州航空工业管理学院	审计学原理	财务审计	绩效审计	内部审计	企业风险管理与审计		西方审计(双)	基本建设项目审计	内部控制与公司治理
南京审计学院	审计学原理	企业财务审计、社会审计案例	经济效益审计、政府审计案例	内部审计案例	内部控制学	信息系统审计	审计管理学	建设项目审计、审计史	内部控制学
湖北经济学院	审计学			内部审计	公司战略与风险管理	Auditing and Assurance services			
南京财经大学	审计学原理	财务审计	管理审计	内部控制与内部审计	建设项目审计	金融企业审计	International audit	Information system audit	
浙江财经大学	审计学		内部审计	舞弊审计	内部控制	财务报告分析	审计模拟实验	管理咨询	
湘潭大学	审计学概论	社会审计、财务审计	内部审计	管理审计	内部控制学	资产评估	信息系统审计	项目投资审计	
山东工商学院	审计学原理	企业财务审计	经济效益审计		内部控制学	资产评估	审计与鉴证服务（双）	Excel在审计中的运用	
山东交通学院(工程审计方向)		注册会计师审计	Auditing	工程招投标	建设工程项目审计	工程项目管理			
山西财经大学	基础审计学		政府审计实务	内部审计实务	会计咨询与服务				

续表

高校名称	专业核心课程								
吉林财经大学	审计学原理	社会审计	审计法规	内部审计学	经济效益审计	企业财务审计			审计实务
上海立信会计学院	审计学概论	企业财务审计	绩效审计	审计技术与方法	内部控制学	电算化会计与审计	国际审计准则（双）		
广西财经学院	审计学	财务审计	计算机审计	建设项目审计	内部控制制度				
广东财经大学	审计学原理	CPA审计实务	政府审计	内部审计	管理审计、企业内部控制	计算机辅助审计、审计案例评析	现代审计学(双)	管理咨询、资产评估	工程项目审计
兰州商学院	审计学基础	财务审计	经济效益审计	计算机审计					
哈尔滨商业大学	审计学原理	企业财务审计	政府审计	内部审计	独立审计	西方审计	计算机审计	审计案例	
上海海关学院	审计学原理	财务审计	内部审计	政府审计	审计法规				
广东外语外贸大学	审计学	CPA审计	内部控制	资产评估	审计案例分析	审计模拟实习			
西南财经大学	审计学	内部控制设计	资产评估学						

二、审计学专业课程的解读

对于应用型本科大学来说，审计学专业的课程体系通常采用“公共基础课平台 + 学科基础课平台 + 专业基础课平台 + 专业方向课模块”的方式建构而成。

（1）公共基础课：政治、中国近代史、高等数学、英语、计算机基础等课程；

（2）学科基础课：微观经济学、宏观经济学、管理学、经济法、税法、统计学、会计学基础、中级财务会计、金融学等课程；

（3）专业基础课：高级财务会计、成本会计、管理会计、财务管理学、会计信息系统、资产评估等课程；

（4）专业方向课：财务审计学、企业战略与风险管理、政府审计、内部审计、计算机审计、审计实务等课程，对于这些课程应给予充分的重视。

财务审计学：本门课是审计学的主干课，是未来从事注册会计师职业的关键课程。财务审计是审计机关依据相关法律法规和审计准则规定的程序和方法对企业的资产、负债、损益的真实、合法、效益进行审计监督，对被审计企业会计报表反映的会计信息依法做出客观、公正的评价，形成审计报告，出具审计意见和决定的一系列过程。通过本门课的学习，学生将掌握报表审计、资产、负债、权益、损益审计的程序和方法，并掌握审计的基本理论。

企业战略与风险管理：随着经济一体化和企业规模的扩大，企业直接融资快速增长，企业融资方式多样化，如虚拟资本、金融衍生品急剧膨胀，这些都极大地加大了企业的财务风险。同时，企业内部各方利益关系的复杂性——股东与管理层之间的代理问题导致的“内部人控制”和造假丑闻，以及控股股东和中小投资者之间的代理问题导致大股东挤占上市公司资产，侵占中小股东利益等问题，这些都使上市公司经营业绩的真实性和风险防范成为政府和公众关注的重要对象，从而使近年来公司战略管理和公司治理成为现代企业管理理论和实践的重要内容。在此环境下，传统外部独立的财务审计已经远远不能胜任现代公司治理、企业风险防范和管理层经营绩效评价的需要，逐渐被以财务监督、经济鉴证和风险防范为目的的现代综合社会审计所取代。企业战略与风险管理课程应对这一形势，可以帮助我们了解企业战略的制定过程，了解如何制定和完善企业内部控制制度，并学习风险识别与防范的方法等。

政府审计：随着政府行政管理模式由权力至上向责任至上方向的过渡，政府绩效及其责任受到了高度关注，由此推动了政府绩效审计的发展。政府审计课程主要学习如何对各级部门及其他公共机构财务报告进行审计，以确认其财务报告的真实性、公允性，其是否经济、有效地运用了公共资源，提供了有效的公共服务。

内部审计：随着企业组织规模不断扩大，企业组织成员之间出现了层层委托的复杂“委托—代理关系”。如何提高组织效率，实现组织目标，避免组织成员的行为偏离组织的需要，需要对组织成员之间的关系、个人与组织的关系以及个人行为进行协调，对企业的管理过程进行计划、组织、指挥和控制，充分激励员工，提高组织的整体生产效率。在此环境下，集核对与检查、查错与防止舞弊和风险管理职能为一体的内部控制，以及监督内部控制运行不可或缺的重要手段——内部审计应运而生。内部审计课程主要学习如何对组织中各类业务和控制进行独立评价，确定是否遵循公认的方针和程序，是否符合规定和标准，是否有效和经济地使用了资源，从而实现了组织目标。

计算机审计：会计信息面向程序化、系统化及财务业务一体化方面的发展对审计工作提出了更高的要求，因此审计人员不仅要具备专业知识，还要掌握信息系统审计、基于数据库的审计和分析技术。特别是在“大数据”时代背景下，更是给审计工作带来了新的挑战，审计人员如果不了解计算机系统和数据库方面的知识，未来可能会被淘汰。计算机审计课主要学习如何运用计算机的数据处理功能提取被审数据，发现审计问题，分析财务数据并编制工作底稿。

审计实务：审计学是应用性非常强的专业，除了要具有扎实的理论基础，实际操作能力也是工作中尤其重要的方面，因此为了提升实践能力，还需要学习好审计实务的课程。本门课将采用案例导入的方式，对模拟公司的财务数据以风险导向审计为主线，重点学习如何进行审计的循环测试，并编制审计工作底稿，由此帮助学生掌握实际工作中的审计实务操作方法。

三、审计学的前导课程、扩展知识的解读

（一）审计学的前导课程

审计学是集管理学、经济学、法律和会计学于一体的综合性学科，所以在开始审计学相关课程前，会要求学生主修会计学原理、中级财务会计、高级财务会计、管理学、经济学、经济法、财务管理、财务报表分析等相关课程。

为什么要学习这些课程？

（1）财务会计学，包括会计学原理、中级财务会计和高级财务会计。财务会计学是学习“财务审计”的必要基础，财务会计是通过对企业已经完成的资金运动全面系统的核算与监督，以为外部与企业有经济利害关系的投资人、债权人和政府有关部门提供企业的财务状况与盈利能力等经济信息为主要目标而进行的经济管理活动。而财务审计是运用一定的程序和方法对企业的资产、负债、损益的真实、合法、效益进行的审计监督，需要对被审计企业会计报表反映的会计信息依法做出客观、公正的评价，从而形成审计报告，出具审计意见，其目的是揭露和反映企业资产、负债和盈亏的真实情况。形象一点地说，如果把信息社会看作是一个信息大工厂，那么会计负责的是信息的生产、制造，而审计负责的是信息的检查、验收。不熟悉财务数据的产生过程就无法追根溯源验证财务数据的真实性。

（2）管理学。现代审计学发展的大趋势是财务审计的比重将逐步下降，而作为非财务控制、信息反馈、目标管理、绩效管理以及风险管理的管理审计将占据突出位置，这些要求从事这方面特定功能审计的工作者必须具备管理学方面的知识。管理学是研究和探讨组织及组织内资源配置的构造、过程、方法的学科，是管理学科中最基础的学科。通过管理学可以了解企业管理中的计划、组织、协调、控制等运营程序；了解企业的管理战略理论、风险控制理论、人力资源理论、

产权理论和组织理论，这些知识的学习将会为从事内部审计和内部控制审计打下坚实的基础。

（3）经济学。审计学作为一门社会学科离不开对宏观市场和微观市场环境的把握。经济学是研究在市场经济制度下资源如何配置和利用的学科，是一切经济管理学科的理论基础，包括微观经济学和宏观经济学。其中微观经济学是研究社会中单个经济单位的经济行为；宏观经济学是研究经济资源的利用问题，包括国民收入决定理论、就业理论、通货膨胀理论、经济周期理论、经济增长理论、财政与货币政策。经济周期、财政与货币政策是影响企业经济运行非常重要的因素，所以从事审计工作需要对这些问题有所把握。

（4）经济法。审计作为承担独立性经济监督职能的活动必然依据一定的法律法规，而审计实务中涉及最多的是经济方面的法律法规，因此学习好经济法是把握审计实务中被审对象合规性的重要条件。本课程涉及的主要内容包括《公司法》《证券法》《税法》《会计法》等内容。

（5）财务管理学。财务管理是在一定的整体目标下，对企业的资产购置（投资）、资本融通（筹资）和现金流量（营运资金）以及利润分配进行管理的经济活动，它是企业管理的一个组成部分，是一项处理企业财务关系的财务活动。因此，只有了解企业的财务活动才能更好地把握企业的资金运营情况，才能对被审单位的财务与经营风险有更全面的把握，才能准确地解读和解释企业的财务数据。

（6）财务报表分析。学习财务报表分析课程也是提升审计分析能力的必要途径。目前审计实务中对分析性程序日益重视，在分析性程序的指引下去设计和实施审计程序，然后根据结果完善分析程序，获取证据，已经是目前风险导向审计的最核心理念。对于刚毕业的审计人员，可能一直迷茫于大量的财务数据，通过财务报表分析课程的学习，能够更好地领会如何去做分析性程序，这也是进入审计职业之路的有效方式。

（二）扩展知识

随着社会和经济发展的需要，审计业务拓展到越来越多的领域，因此，除了以上审计学专业要求掌握的前导知识外，审计从业者还需要具备更广泛的知识。

（1）环境保护方面的知识。近年来环保问题受到国内外的广泛关注，环境审计得到了越来越多国家的认同。所谓环境审计是审计机关、内部审计机构和注册会计师，对政府和企事业单位的环境管理系统以及经济活动对环境的影响进行监督、评价或鉴证，使之达到管理有效、控制得当，并符合可持续发展要求的审计活动。它包括政府审计中监督环境政策、规划的制定、执行；环保管理系统有效性的检查；内部审计中的环保政策遵守情况；环保成本收益和资金运用效果评价；环保资产、负债的真实、合规的评价；向管理当局提出审计结果、存在风险、资金运用、实现效果的报告等。

相比一般审计类型，环境审计的依据所采用的法规更多、范围更广，因此，审计人员需具有丰富的相关知识，包括环保政策、方针、战略，如1992年里约热内卢环境与发展会议后，我国在1994年发布关于环保的白皮书中确定的十二项基本战略、环境法规（我国重视环境保护和生态建设，二十年来已形成比较健全的法规体系）、环境标准（我国已颁布多项环保标准并全面推行，随着环境治理的成效对有些标准还相继升级）。一些国际标准也是评价环保成果的参照指标。企业内部还会按发展绿色产品的需要制定有自我约束的标准和与环保有关的会计政策及财会制度。

（2）法律知识。舞弊是现代经济生活中的一个突出问题，已成为世界各国的一种公害。许多贪污贿赂、偷税骗税、挪用公款等经济违法犯罪活动以及大量腐败现象，几乎都与舞弊分不开，在这一社会背景下，法务审计异军突起。法务审计是为调查财务舞弊、打击经济犯罪、解决经济纠纷在司法实践中逐步发展起来的一个跨会计学、审计学、法学等多学科的综合性、边缘性的领域。它主要是通过对特定经济案件的舞弊审计和会计司法鉴定，为司法机关对经济案件的裁决提供“诉讼支持”。它涵盖了政府审计领域和民间审计领域。在政府审计领域，有不少国家把法务审计作为惩治营私舞弊、反腐关口前移的一个重要措施。在民间审计领域，法务审计主要是为一些特定的经济纠纷、经济过失提供专业服务。

法务审计是一门综合性的边缘学科，它的理论来源包括会计学、审计学和证据学、民法学、刑事侦查学等学科理论。在我国，随着《企业破产法》《公司法》《合伙法》《票据法》《证券法》《婚姻法》等的出台、完善和实施，迫切需要法务审计来沟通会计领域与法律之间的联系，维护法律的尊严和诉讼当事人的合法权益。因此，若未来从事法务审计方向，需要从业者具备扎实的法律方面的知识。

（3）信息安全方面的知识。随着网络的日益普及，网络的虚拟性与不确定性会带来网络运行的安全性问题，网络安全审计应运而生。网络安全审计是针对互联网行为提供有效的行为审计、内容审计、行为报警、行为控制及相关审计的活动；网络安全审计还为管理层面提供互联网的有效监督，预防、制止数据泄密，满足用户对互联网行为审计备案及安全保护措施的要求，提供完整的上网记录，便于信息追踪、系统安全管理和风险防范。如果要从事这方面的工作，需要掌握和了解操作系统、数据库、计算机信息系统、软件架构、系统架构、网络系统、数据加密等方面的知识。

当然，随着审计应用领域越来越广，还会涌现出更多新型的审计业务，审计从业者要在工作中做有心人，不断拓宽知识面，以面对未来的专业挑战。

本章小结

本章主要介绍了审计学课程体系的相关内容，阐述了审计学的学科地位及其与会计学的区别和联系，有助于开拓学生的专业视野，提高学习兴趣。本章还比较了部分高校审计学专业课程设置情况，这对于把握审计学专业课程设置整体情况有所裨益。最后，本章重点解读了审计学专业前导课程和扩展知识，这有利于学生提升专业课程认可度，增强学生积极主动的学习意愿。

第七章

审计趋势:信息系统审计

◎**知识目标**:掌握信息系统审计的内涵,了解信息系统审计的内容,掌握信息系统审计的方法,了解信息系统审计的准则和信息系统审计师的职业发展趋势。

◎**能力目标**:通过对信息系统审计方法的学习,理解信息审计方法是如何实施的,如何为传统的数据审计提供保证。

第一节　信息系统审计概述

一、信息系统审计的产生与发展

（一）信息系统审计的产生

信息系统审计最早称为计算机审计，是伴随着计算机在财务领域的应用而产生的。其主要关注对被审计单位电子数据的取得、分析、计算等数据处理业务。这一时期是财务电算化的初期，人们对计算机在数据处理中的应用所产生的影响还没有足够的认识，认为计算机处理数据准确可靠，不会出现错误，因此很少对数据处理系统进行审计，主要是关注计算机在审计中的辅助作用，这还不能称得上真正的信息系统审计。

（二）信息系统审计的发展

随着计算机、互联网应用范围的拓展，计算机对被审计单位各个环节的影响越来越大，信息系统审计关注的内容也从单纯的对电子数据的处理延伸到对计算机系统可靠性、安全性的了解和评价方面，尤其是计算机犯罪案件的不断出现，使审计人员认识到传统的审计方法已不能完成审计任务，必须应用计算机相应的审计技术进行审计。

1969 年，电子数据处理审计师协会在美国洛杉矶成立。其编录了信息系统审计师应该具备的知识结构，并将其研究成果收录成书。20 世纪 70 年代，随着电子数据处理在企业的普及，企业开始关注对信息系统的建设和开发，而数据库管理系统技术的成熟也使得企业能够处理海量数据，并实现各个子系统的数据关联和共享。但是这一时期利用计算机进行欺诈舞弊的犯罪事件不断出现，如1973年美国“产权基金公司”的保险经营商利用计算机诈骗了数亿美元，使得对其审计的会计师事务所蒙受了巨大的经济和信誉损失。审计界由此开始关注电子数据处理审计的标准、计算机内部控制的设置与评价、信息系统审计的方法和技术等问题的研究。

二、信息系统审计的内涵

关于信息系统审计（Information System Audit，ISA），目前还没有一个通用的定义，比较有代表性的定义有三种。

（1）日本通产省情报处理开发协会定义为“为了信息系统的安全、可靠与有效，由独立于审计对象的信息系统审计师，以第三方的客观立场对以计算机为核心的信息系统进行综合的检查与评价，向信息系统审计对象的最高领导层提出问题与建议的一系列活动”。

（2）国际信息系统审计与控制协会（Information System Audit and Control Association，ISACA）定义为“信息系统审计是一个获取并评价证据，以判断计算机系统是否能够保证资产安全、数据的完整以及有效率利用组织的资源并有效果地实现组织目标的过程”。显然，该定义比日本通产省的定义更完整，体现了信息系统的外部审计的鉴证目标，即对被审计单位的信息系统保护资产安全及数据完整的鉴证；还体现了内部审计的管理目标，即信息系统能够有效利用组织的资源并有效果地实现组织目标。

（3）我国刘汝焯在《计算机审计技术与方法》一书中有这样的描述：信息系统审计的主要审计对象是被审计单位的现行计算机信息系统，也就是被审计单位已经投入使用和正在运行的信息系统，对系统中的硬件、软件、人员、工作环境等因素进行测试与评价。可以看出，该定义更注重于对信息系统审计对象的界定。

虽然上述表述各不相同，但大体上我们可以从以下几点来理解信息系统审计的定义：

（1）信息系统审计的主体是具备信息审计能力的独立的审计机构和人员

独立的审计机构，包括政府审计机构、内部审计机构、审计师事务所及独立的信息化鉴证咨询机构。信息系统审计独特的专业性要求，要求审计人员必须具备专业知识和技能。目前国际信息系统审计与控制协会是国际上唯一可授权信息系统审计的权威机构，通过其考试获得的注册信息系统审计师（CISA）证书被世界各国广泛认可。

（2）信息系统审计的对象是被审计单位的信息系统

信息系统审计的对象包括软硬件系统和与信息输入、输出相关的活动。由于计算机技术、网络通信技术等的发展，使得信息系统审计的对象还在不断地拓展。

（3）信息系统审计工作的核心是客观地收集和评估证据

信息系统审计人员的主要任务就是收集足够可靠、相关有用的证据，评价证据的符合程度，以此判断被审计单位的信息系统是否有效地保护资产、维护数据的完整及达到了企业的目标。

（4）信息系统审计的目的是评估并提供反馈及建议

具体来说包括以下三个方面：

可用性——信息系统是否能为使用者在任何时候提供可靠的服务？

保密性——信息系统是否只对相应的人员开放，数据维护和使用是否安全？

完整性——信息系统提供的信息是否正确、可信、及时，是否有对系统的擅自修改？

三、信息系统审计的准则

国外信息系统审计工作开展得较早，准则的制定也较为完善，其中以国际信息系统审计协会（ISACA）发布的信息系统审计准则的影响最为深远。ISACA 的信息系统审计准则由信息系统审计（ISA）标准、指南和程序（Standards, Guidelines and Procedures）构成，此框架为 CISA 执业提供了多层次的指引，ISACA 信息系统审计准则体系如图 7－1 所示。

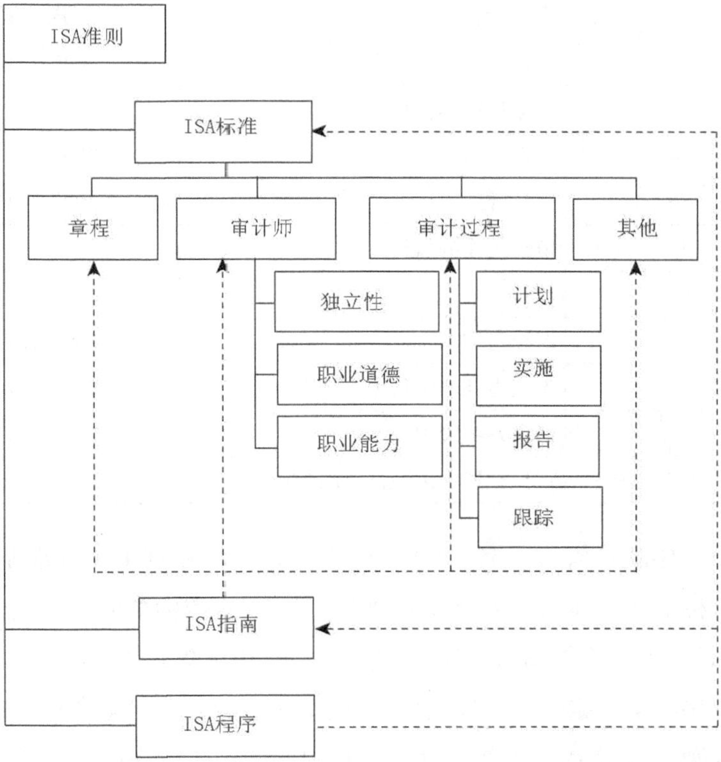

图 7－1　ISACA 信息系统审计准则体系图

第一层次：信息系统审计标准。ISA 标准是整个 ISA 准则体系的总纲，是制定 ISA 指南和 ISA 程序的基础依据。它规定了审计章程及审计过程（从计划、实施、报告到跟踪）必须达到的基本要求，是 CISA 的资格条件、执业行为的基本规范，表明了管理层和其他利益方对执业者在专业工作上的期待。最新的 ISA 标准分为 11 大类，共 43 条，分别于 2005 年 1 月、9 月和 11 月起实施（见表 7－1）。只要是 CISA 执行审计业务、出具审计报告，都必须遵守执行，具有强制性。

如果 CISA 未能遵守执行，ISACA 董事会和相应委员会将会对其进行调查并给予纪律处分。

表 7－1 信息系统审计标准

信息系统审计标准		生效日期
S1	审计章程	2005. 1. 1
S2	审计独立性	2005. 1. 1
S3	职业道德和标准	2005. 1. 1
S4	职业能力	2005. 1. 1
S5	审计计划	2005. 1. 1
S6	审计工作的执行	2005. 1. 1
S7	审计报告	2005. 1. 1
S8	后续工作	2005. 1. 1
S9	不正当及非法行为	2005. 9. 1
S10	信息系统管理	2005. 9. 1
S11	审计计划中风险评估的利用	2005. 11. 1

第二层次：信息系统审计指南。ISA 指南是依据 ISA 标准制定的，是 ISA 标准的具体化，为 ISA 准则体系中 11 大类标准的实施提供了指引，图 7－1 中虚线箭头反映了此关系。它详细规定了 CISA 实施审计业务、出具审计报告的具体指引，为 CISA 在执行审计业务中如何遵守审计准则提供指导。CISA 在执业过程中参考这些指南时要运用职业判断，对任何偏离 ISA 标准的行为一定要有充分的理由。到目前为止，有效的 ISA 指南共有 35 项，如表 7－2 所示。

表 7－2 信息系统审计指南

信息系统审计指南		生效日期
G1	利用其他审计师及专家的工作	1998. 6. 1
G2	审计取证	1998. 12. 1
G3	利用计算机辅助审计技术	1998. 12. 1
G4	信息系统业务外包情况下的审计	1999. 9. 1

续表

信息系统审计指南		生效日期
G5	审计章程	1999. 9. 1
G6	信息系统审计中的重要性概念	1999. 9. 1
G7	应有的职业谨慎	1999. 9. 1
G8	审计文档	1999. 9. 1
G9	不正当行为的审计考虑	2000. 3. 1
G10	审计抽样	2000. 3. 1
G11	信息系统控制的效果	2000. 3. 1
G12	组织关系和独立性	2000. 9. 1
G13	审计计划中风险评估的利用	2000. 9. 1
G14	应用系统评审	2001. 11. 1
G15	审计计划修订	2002. 3. 1
G16	第三方对信息系统控制的影响	2002. 3. 1
G17	非审计角色对审计独立性的影响	2002. 7. 1
G18	信息系统管理	2002. 7. 1
G19	不正当及非法行为	2002. 7. 1
G20	审计报告	2003. 8. 1
G21	企业资源规划系统评审	2003. 8. 1
G22	B2C 电子商务审核	2003. 8. 1
G23	系统开发生命周期审核	2003. 8. 1
G24	网络银行	2003. 8. 1
G25	对虚拟专用网络的审核	2004. 7. 1
G26	企业流程再造项目审核	2004. 7. 1
G27	移动计算	2004. 9. 1
G28	计算机取证	2004. 9. 1
G29	执行后的评审	2005. 1. 1
G30	职业能力	2005. 6. 1
G31	保密	2005. 6. 1
G32	业务连续性计划的审核	2005. 9. 1

续表

信息系统审计指南		生效日期
G33	对网络使用的总体考虑	2006. 3. 1
G34	责任、权利及义务	2006. 3. 1
G35	后续工作	2006. 3. 1

第三层次：信息系统审计程序。ISA 程序是依据 ISA 标准和 ISA 指南制定的。它为 CISA 提供了一般审计业务（尤其是审计计划和审计实施阶段业务）的程序和步骤，是遵守标准和指南的一些通常审计程序，它为 CISA 提供了很好的工作范例。但这仅是 CISA 的一个参照而已，它所提供的只是 CISA 在审计时能满足审计准则要求的通常做法，并不要求强制执行。CISA 在执行具体的审计业务时，要根据特定的信息系统和特定的技术环境做出自己的职业判断，选择适当的审计程序。到目前为止有效的 ISA 程序共有 9 项，如表 7－3 所示。

表 7－3　信息系统审计程序

信息系统审计程序		生效日期
P1	信息系统风险评估	2002. 7. 1
P2	数字签名	2002. 7. 1
P3	入侵检测	2003. 8. 1
P4	病毒及其他恶意代码	2003. 8. 1
P5	控制风险自我评估	2003. 8. 1
P6	防火墙	2003. 8. 1
P7	不正当及非法行为	2003. 11. 1
P8	安全评估之渗透测试及弱点分析	2004. 9. 1
P9	加密技术的管理控制评价	2005. 1. 1

如图 7－1 所示，ISA 标准中的 11 大类可以分为 4 个部分：审计章程或审计业务约定书；对审计师职业资格的要求，包括独立性、职业道德和职业能力的要求；从计划、实施、报告到跟踪这 4 个审计过程；其他，包括不正当及非法行为、信息系统管理、审计计划中风险评估

的利用。随着信息系统的广泛使用与网络技术的飞速发展，ISACA 不断更新和推出符合信息环境的 ISA 指南，现已生效的就有 35 项，还有一批计划提出的和计划准备将来提出的指南在广泛征求意见。作为 ISA 标准的详细规定和具体说明，ISA 指南的更新赋予了 ISA 标准新的内涵和外延，按生效排序的 ISA 指南与 ISA 标准之间的交叉关联如表 7－4所示。

表 7－4　ISA 标准与 ISA 指南的交叉关联

关联	ISA 标准										
	S1	S2	S3	S4	S5	S6	S7	S8	S9	S10	S11
G1						√					
G2						√					
G3			√		√	√					
G4	√				√	√					
G5	√								√	√	
G6					√					√	
G7			√								
G8						√	√				
G9			√		√	√	√				
G10						√					
G11						√					
G12		√	√							√	
G13					√	√				√	√
G14						√					
G15					√					√	
G16					√	√				√	
G17		√								√	
G18						√				√	
G19			√						√		
G20							√				

续表

关联	ISA 标准										
	S1	S2	S3	S4	S5	S6	S7	S8	S9	S10	S11
G21		√				√					
G22						√					
G23						√					
G24		√		√	√	√					
G25						√					
G26						√					
G27	√			√	√	√					
G28			√	√	√	√					

ISACA 的信息系统审计准则体系提供了一套规范化、专业化的管理框架，规定了 CISA 的能力考核、ISA 机构的资质认定，指明了审计方、开发方、用户方的关系及各方的定位、权利、义务和职责，提供了覆盖信息系统全生命周期、可供 CISA 参照的实施 ISA 的标准和依据等。CISA 按审计准则开展 ISA 业务，可以对信息系统进行检查和评价，提出劝告与改进意见，有效地控制与信息系统有关的风险，指导用户最大限度地利用信息技术带来的好处。

四、信息系统审计师的职业发展

注册信息系统审计师（Certified Information System Auditor，CISA），也称 IT 审计师，是指一批专家级的人士，既通晓信息系统的软件、硬件、开发、运营、维护、管理和安全，又熟悉经济管理的核心要义，能够利用规范和先进的审计技术，对信息系统的安全性、稳定性和有效性进行审计、检查、评价和改造。

注册信息系统审计师资格由 ISACA 授予，是信息系统审计领域唯一的职业资格，受到全世界的广泛认可。

信息系统审计与控制协会就是从事计算机审计人员（IT 审计师）

组成的国际性专业组织，是唯一有权授予注册信息系统审计师资格的跨国界、跨行业的专业机构。该协会成立于1969年，总部在美国的芝加哥。目前在世界上100多个国家设有160多个分会，现有会员2万多人。

凡通过CISA考试，在信息系统审计、控制或安全领域有5年的工作经验，遵守ISACA的职业道德，提出CISA资格申请并得到批准，即可取得CISA资格。

注册信息系统审计师目前已经成为全球范围最抢手的高级人才。随着计算机技术在管理中的广泛运用，传统的控制、管理、检查和审计技术都受到巨大的挑战。未来审计行业和审计技术的发展动力将主要来自于信息系统审计的发展，这一观点已经逐渐成为国内外会计、审计界的一个共识。会计公司以及整个社会对信息系统审计师的需求量将成倍地增长，信息系统审计师的地位也在不断提高。在国外一些大型会计公司中已经出现了持有CISA专业资格的合伙人。

第二节　信息系统审计的程序、内容与方法

一、信息系统审计的程序

信息系统审计的实施程序与传统审计的程序一样，也分为审计计划、审计实施与审计终结三个阶段。

（一）审计计划阶段

审计计划阶段的工作要完成四部分内容：了解被审计系统的基本情况，初步评价被审单位系统的内部控制及外部控制，识别重要性，编制审计计划。

1. 了解被审计系统的基本情况

了解被审计系统的基本情况是实施任何信息系统审计的必经程序，

对基本情况的了解有助于审计人员对系统的组成、环境、运行年限、控制等有初步印象，以决定是否对该系统进行审计，明确审计的难度、所需时间以及人员配备情况等。通过了解基本情况，审计人员就可以大致判断系统的复杂性、管理层对审计的态度、内部控制的状况、以前审计的状况、审计的难点与重点，以决定是否对其进行审计。

2. 初步评价被审计单位系统的内部控制及外部控制

依据控制对象的范围和环境，信息系统内控制度的审计内容包括一般控制和应用控制两类。

一般控制是系统运行环境方面的控制，指对信息系统构成要素（人、机器、文件）的控制。它为应用程序的正常运行提供外围保障，影响到计算机应用的成败及应用控制的强弱。主要包括组织控制、操作控制、硬件及系统软件控制和系统安全控制。

应用控制是对信息系统中具体的数据处理活动所进行的控制，是具体的应用系统中用来预测、检测和更正错误和处置不法行为的控制措施，信息系统的应用控制主要体现为输入控制、处理控制和输出控制。应用控制具有特殊性，不同的应用系统有着不同的控制要求，但是一般可将其划分为输入控制、处理控制和输出控制。举例来说，在财务系统中对销售和收取现金的输入控制是对数据录入人员输入信息的控制，处理控制是通过合理性测试复核销售中价格的控制，输出控制是销售部门对交易处理后数据的复查。

3. 识别重要性

为了有效实现审计目标，合理使用审计资源，在制订审计计划时，信息系统审计人员应对系统重要性进行适当评估，以此来指导审计计划中对具体审计事项的资源分配。对重要性的评估一般需要运用专业判断。考虑重要性水平时，考虑因素包括审计人员的职业判断或公用标准、系统的服务对象及业务性质、内控的初评结果。

（1）以往的经营。审计师可以过去所运用的重要性水平，对被审对象信息系统的变化加以修正，判断本次审计事项的重要性水平。

（2）内部控制与风险评估结果。如果内部控制较为健全，可信赖程度高，则审计风险相对较低，重要性水平制定得可以高一些，反之需要扩大审计范围。

（3）信息系统的规模和应用程度。企业信息系统的规模越大，则所确立的审计重要水平应该越高；越是重要的子系统，越需要获取充分的审计证据，以支持审计结论或意见。

（4）产品对信息系统的依赖度。不同产品对信息系统的依赖度和敏感度不同，审计的要求和范围不同，重要性水平也不一样。

4. 编制审计计划

经过以上程序，为编制审计计划提供了良好准备，审计人员就可以据以编制总体及具体审计计划。总体计划包括：被审计单位基本情况；审计目的、审计范围及策略；重要问题及重要审计领域；工作进度及时间；审计小组成员分工；重要性确定及风险评估等。具体计划包括：具体审计目标；审计程序；执行人员及时间限制等。

（二）审计实施阶段

做好上述材料的充分准备，便可进行审计实施，具体包括以下内容：

1. 对信息系统计划、开发阶段的审计

此阶段包括对计划的审计和对开发的审计。可以采用事中审计，也可以是事后审计。比较而言，事中审计更有意义，因为审计结果的得出有利于故障问题的及早发现，方便调整计划、改进开发顺序。

在对系统计划阶段进行审计时应当注意信息系统计划阶段的关键控制点，包括计划是否有明确的目的、计划中是否明确描述了系统的效果、是否明确了系统开发的组织、对整体计划进程是否正确预计、计划能否随经营环境改变而及时修正、计划是否制定有可行性报告，以及计划的过程和结果是否有文档记录等。

对于信息系统开发阶段的审计也要注意开发阶段的主要步骤，具体包括系统分析和设计、代码编写、系统测试三部分。

系统分析和设计包括功能需求分析、业务数据分析、总体框架设计、结构设计、代码设计、数据库设计、输入输出设计、处理流程及模块功能的设计。

代码编写是主要依据系统设计阶段的设计图及数据库结构和编码设计，用计算机程序语言来实现系统的过程。系统测试包括动态测试和静态测试，是系统开发完毕，进入试运行之前的必经程序。其关键控制点有：

（1）分析控制点：是否已细致分析企业组织结构；是否确定用户功能和性能需求；是否确定用户的数据需求等。

（2）设计控制点：设计界面是否方便用户使用；设计是否与业务内容相符；性能能否满足需要；是否考虑故障对策和安全保护等。

（3）编程控制点：是否有程序说明书，并按照说明书进行编写；编程与设计是否相符，有无违背编程原则；程序作者是否进行自测；是否有程序作者之外的第三人进行测试；编程的书写、变量的命名等是否规范。

（4）测试控制点：测试数据的选取是否按计划及需要进行，是否具有代表性；测试是否站在公正客观的立场进行，是否有用户参与测试；测试结果是否正确记录等。

2. 对信息系统运行、维护阶段的审计

对信息系统运行、维护阶段的审计又分为对运行阶段的审计和对维护阶段的审计。

系统运行阶段的审计是在信息系统正式运行阶段，针对信息系统是否被正确操作和是否有效地运行，从而真正实现信息系统的开发目标、满足用户需求而进行的审计。对信息系统运行阶段的审计分为系统输入审计、通信系统审计、处理过程审计、数据库审计、系统输出审计和运行管理审计六大部分。

输入审计的关键控制点有：是否制定并遵守输入管理规则，是否有数据生成顺序、处理等的防错保护措施，防错保护措施是否有效等。

通信系统实施的是实际数据的传输，通信系统中审计轨迹应记录输入的数据和传送的数据。通信系统审计的关键控制点有：是否制定并遵守通信规则，对网络存取控制及监控是否有效等。

处理过程指处理器在接收到输入的数据后对数据进行加工处理的过程，此时的审计主要针对数据输入系统后是否被正确处理。关键控制点有：被处理的数据、数据处理器、数据处理时间、数据处理后的结果、数据处理实现的目的、系统处理的差错率、平均无故障时间、可恢复性和平均恢复时间等。

数据库审计是为了保障数据库正确行使其职能，如对数据操作的有效性和发生异常操作时对数据的保护功能（正确数据不丢失，数据回滚以保证数据的一致性）的检查。其关键控制点有：对数据的存取控制及监视是否有效，是否记录数据利用状况并定期分析，是否考虑数据的保护功能，是否有防错保密功能，防错、保密功能是否有效等。

输出审计不同于测试阶段的输出审计，此时的输出是在实际数据的基础上进行的，对其进行审计可以对系统输出进行再控制，结合用户需求进行评价。关键控制点有：输出信息的获取及处理时是否有防止不正当行为和机密保护措施，输出信息是否准确、及时，输出信息的形式是否被客户所接受，是否记录输出出错情况并定期分析等。

运行管理审计是对人机系统中人的行为审计。关键控制点有：操作顺序是否标准化，作业进度是否有优先级，操作是否按标准进行，人员交替是否规范，能否对预计与实际运行的差异进行分析，遇问题时能否相互沟通，是否有经常性培训与教育等。

维护阶段的审计包括对维护计划、维护实施、改良系统的试运行和旧系统的废除等维护活动的审计。维护阶段审计的关键控制点有：维护组织的规模是否适应需要，人员分工是否明确，是否有一套管理机制和协调机制，维护过程发现的可改进点，维护是否得到维护负责人同意，是否对发现问题做了修正，维护记录是否有文档记载，是否定期分析，旧系统的废除是否在授权下进行等。

（三）审计终结阶段

经历以上的程序后，审计工作进入到终结阶段，其主要工作有：

1. 整理、评价执行审计业务过程中收集到的证据

在信息系统审计的现代化管理时期，收集到的数据已存储在管理系统中，审计人员只需对其进行分析和调用即可。

2. 复核审计底稿，完成二级复核

传统审计的二级复核制度对信息系统审计同样适用，它是保证审计质量、降低审计风险的重要措施。一级复核是由信息系统审计项目组长在审计过程进行中对工作底稿的复核，这层复核主要是评价已完成的审计工作，如工作底稿编制人员形成的结论；二级复核是在外勤工作结束时，由审计部门领导对工作底稿进行的重点复核。在审计工作办公自动化的今天，二级复核制度同样可以通过网上报送及调用得以实现。

3. 评价审计结果，形成审计意见，完成三级复核，编制审计报告

评价审计结果主要是为了确定将要发表的审计意见的类型及在整个审计工作中是否遵循了独立审计准则。信息系统审计人员需要对重要性和审计风险进行最终的评价。这是审计人员决定发表何种类型审计意见的必要过程，所确定的可接受审计风险一定要有足够、充分、适当的审计证据支持。签发审计报告之前，应当随工作底稿进行最终（三级）复核，三级复核由审计部门的主任进行，主要复核所采用审计程序的恰当性、审计工作底稿的充分性、审计过程中是否存在重大遗漏、审计工作是否符合事务所的质量要求等。三级复核制度是控制审计风险的重要手段。审计报告是审计工作的最终成果，审计报告首先应有审计人员对被审计系统的安全性、可靠性、稳定性、有效性的意见，同时提出改进建议。

二、信息系统审计的内容

信息系统审计的内容是由信息系统审计的对象决定的，主要有信息系统内部控制审计、信息系统组成部分审计（包括操作系统审计、

管理信息系统审计）、系统安全审计，具体来说包括以下一些内容。

（一）信息系统内部控制审计

会计信息质量不仅取决于报告本身，更取决于对财务报告产生过程的有效控制。内部控制是防范企业财务报告错误和舞弊的内在控制机制。内部控制审计的目的就是要评价内部控制的有效性。目前，随着信息系统在企业运营中的应用，企业经营管理越来越依赖于信息技术来构建与完善内部控制系统。例如，美国内部控制规范体系中的COSO框架、SOX法案，以及我国的《企业内部控制审计指引实施意见》都强调要考虑信息化环境对内部控制的影响。

具体来说，信息系统的内部控制审计主要有两个层面的问题要解决[①]：一个是信息化环境下的业务内部控制问题，另一个是针对信息系统的内部控制。

对于财务专业人员来说，关注更多的是第一个方面，即信息化环境下的业务内部控制问题，主要是评判信息化条件下内部控制的政策、程序（流程）权限、授权与批准、活动与作业规范等工作。麻省理工学院威尔博士对来自23个国家的250家企业进行了系统研究后发现：“面对同样的战略目标，基于信息系统的内部控制水平较高的企业其获利能力高出20%”。那么如何去审计信息系统中的业务控制问题呢？我们可以采用测试数据或集成测试等方法。比如测试数据法，就是审计人员把一批预先设计好的检测数据输入应用系统中，将处理的结果与预期的结果进行比较，从而检测应用系统的控制与处理功能是否恰当、有效的一种方法，这种方法在供应链内部控制测试时会更加有效。

美国信息系统审计与控制协会还提出了信息系统的内部控制框架——COBIT模型。它是一个在国际上得到公认的、先进的和权威的安全与信息技术管理和控制的标准，它在业务风险、控制需要和技术

① 陈志斌．信息化生态环境下企业内部控制框架研究［J］．会计研究，2007（1）．

问题之间架起了一座桥梁，它可以辅助管理层进行 IT 治理，指导组织有效利用信息资源，有效地管理与信息有关的风险。

COBIT 立方是 COBIT 模型的核心，如图 7－2 所示，它将 IT 过程、IT 资源与企业的策略与目标（准则）联系起来，形成一个三维的体系结构。

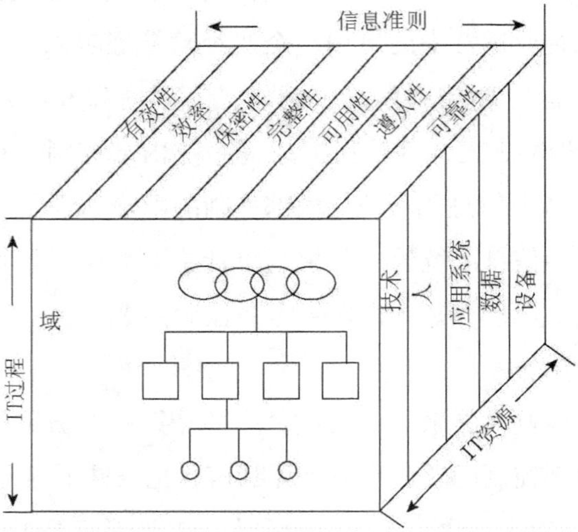

图 7－2　COBITM 模型框架图

图 7－2 中，IT 准则维度集中反映了企业的战略目标，主要从质量、成本、时间、资源利用率、系统效率、保密性、完整性、可用性等方面来保证信息的安全性、可靠性、有效性；IT 资源主要包括与人、应用系统、技术、设施及数据在内的信息相关的资源，这是 IT 治理过程的主要对象；IT 过程维度则是在 IT 准则的指导下，对信息及相关资源进行规划与处理，从信息技术的规划与组织、采集与实施、交付与支持、监控四个方面确定了 34 个信息技术处理过程，每个处理过程还包括更加详细的控制目标和审计方针对 IT 处理过程进行评估。

（二）操作系统审计

操作系统是控制和管理计算机硬件和软件资源、合理地组织计算机的工作流程以方便用户使用的程序的集合。操作系统是计算机系统的核心与基石，它介于硬件设备和应用软件之间，是一切软件运行的基础，所以，操作系统的安全是所有软件安全的基础，也是信息系统安全性审计的一项重要内容。目前应用最广泛、影响最大的操作系统是微软的 Windows 系统和 UNIX 系统。在操作系统审计中，日志文件是审计线索和证据的重要来源，日志中记录了系统所指定对象的操作及其结果，并按时间顺序集合。日志中的文件记录可以监控系统资源，寻找可疑行为，确定入侵范围，为恢复系统提供帮助。一个有经验的信息系统审计师往往能够迅速通过日志了解到系统的安全性能，而一个聪明的黑客往往会在入侵系统后删除掉日志记录。

1. Windows 系统审计

Windows 是 Microsoft 公司发布的窗口式多任务系统，它采用图形用户界面，窗口化操作方便用户使用，是目前最为流行的操作系统之一。Windows 的系统日志文件是 Windows 审计线索和证据的来源。以 Windows NT 为例，系统日志文件有应用程序日志、安全日志和系统日志，日志文件默认存放位置为 \ system32 \ config。应用程序日志记录由应用程序产生的事件；系统日志记录由 Windows NT 操作系统组件产生的事件；安全日志记录与安全有关的事件，包括成功或不成功的登录或退出、系统资源使用事件（系统文件的创建、删除、更改等）。

在对 Windows 审计时，信息系统审计师可以利用系统日志文件的数据分析系统的安全状况，如通过分析应用程序日志可以发现是否存在对数据的非法访问，并发现入侵者进入系统的线索；也可以利用安全日志分析器对整个网络环境中多个系统的各种活动同时进行分析，以了解整个系统的安全状况。

2. UNIX 系统审计

UNIX 操作系统是一个强大的多用户、多任务、开放性、可移植性的操作系统，因其安全可靠、高效强大的特点在服务器领域得到了广泛的应用，也是科学计算、大型机、超级计算机的主流操作系统，受到许多企业、研究机构、政府机关和大学用户的青睐。

UNIX 操作系统具有以下特点：

（1）多任务。在其内部允许有多个任务同时运行，可以用于像实时控制、数据采集等实时性要求较高的场合。

（2）多用户。它允许多个用户同时使用，每位用户可以运行自己的或公用的程序。

（3）内核和核外程序有机结合。内核就是一般所说的 UNIX 操作系统，包括进程管理、存储管理、设备管理及文件管理；从内核分离出来的部分则以核外形式出现，并在用户环境下运行，内核向核外程序提供支持。

（4）并行处理能力。UNIX 支持多处理器系统，并协调多处理器并行运行。

（5）管道。UNIX 允许一个程序的输出作为另外一个程序的输入，多个程序串起来好像一条管道。

（6）移植性好。UNIX 系统大部分是由 C 语言编写的，这使得系统易读、易修改、易移植。

（7）安全保护机制。UNIX 系统采用树状目录结构，具有良好的安全性、保密性和可维护性。

在对 UNIX 审计时可以对日志文件进行监测：

（1）发现试图攻击系统安全的重复举动；

（2）跟踪想要越权的用户；

（3）跟踪异常的进程；

（4）实时跟踪入侵者。

（三）管理信息系统审计

随着信息系统在企业中的应用，越来越多的企业将生产流程、控制流程、管理流程、资金流程等建立在管理信息系统之上，因此管理信息系统的真实性、运行的可靠性、使用的安全性成为信息系统审计的重点，也保证了电子数据的真实性从而为财务工作保驾护航，避免了财务审计“假账真审”的尴尬。审计中，信息系统审计师主要是对管理信息系统的访问控制安全进行审计，这是保证电子数据真实性的前提。管理信息系统审计的内容主要涉及以下几个方面：

1. 了解管理信息系统

管理信息系统的结构复杂，功能涵盖了企业活动的方方面面，如供应链管理、生产管理、财务管理、存货管理、仓存管理、人力资源管理等功能模块。而数据字典和数据流程图则是信息系统审计师了解企业的管理信息系统的工具。其中数据流程图描述了系统的运行形式和逻辑关系，数据字典是对数据流程图中包含的所有元素和信息的说明、定义。通过数据流程图和数据字典，审计师可以掌握整个系统的内在逻辑结构。

2. 管理信息系统安全性审计

对管理信息系统安全性审计主要为了防止信息的遗失、错误和蓄意的修改，其中涉及输入数据的验证、内部处理的控制、信息完整性检查和输出数据的验证。

3. 密码控制检查

主要是检查管理信息系统密码的设定、控制和管理，目的是验证通过密码手段能否保证信息的保密性、真实性和完整性。

4. 访问控制审计

防止非法访问是管理信息系统安全性的一个重要方面。为此审计师需要对管理信息系统的访问控制执行情况进行审计，涉及的内容包括：

（1）对业务操作权限的访问控制，主要是检查企业是否有相应的访问控制的规章制度、用户访问是否经过授权、用户是否有注册、对于特殊的情况是否有相应的授权控制、是否有正式的口令管理程序及用户访问权限是否定期进行审核。

（2）安全策略标准及技术符合性检查，即检查管理信息系统的安全程序是否符合安全策略标准、密码控制是否遵从相关的规定、授权是否恰当，没有随意授予自主性的访问控制（即用户可以自主地在系统中规定谁可以存取它的资源）。

5. 财务信息系统审计

财务信息系统是企业管理信息系统中的一个重要模块，对于财务审计来说财务信息系统是财务数据的源泉。财务信息系统的主要功能是财务处理和报表处理，因此，财务信息系统审计也主要围绕这两个功能展开。

（1）财务处理功能审计。主要是针对信息中的口令和权限管理的检查，以便掌握财务信息系统的内部控制水平。另外，在日常的账务处理流程中还要重点检查财务信息系统中的账簿设置是否符合企业的组织结构、会计制度和法规等，以此确认电子账簿设置的合法性，检查财务系统中的自动转账功能，以此确认其真实性。

（2）财务报表管理系统审计。主要需要了解各类财务数据表和科目编码表，再进而了解报表中各项目的生成公式，复核公式是否合规合法，并用复核过的公式生成报表，确认企业提供的报表的真实性、合法性。在此过程中各类财务数据表和生成公式是审计的核心，它们直接关系到财务报表系统生成的财务报告的真实性和准确性。

（四）信息系统安全性审计

随着企业对信息系统的依赖日益增加，企业的经营管理信息、机密和财富越来越多地集中于信息系统中，但信息系统的普及也带来了信息犯罪的风险，因此，信息系统安全成为信息化环境下一个新的问题。企业不仅要建立信息系统的安全管理体系，还要实施对信息系统的安全审计。目前信息系统安全性风险主要表现在如下几个方面：

1. 控制风险

控制风险分为一般控制和应用控制。一般控制指信息系统总体控制、信息安全技术控制、信息安全管理控制；应用控制指信息系统业务流程、数据输入、处理和输出的控制，信息的共享和业务协同的控制。简言之，控制包括对信息系统的控制和信息系统对业务的控制。涉及的方法有资料审查、系统检查、数据测试和数据验证等，其目的是要揭示以下两类风险：

（1）硬件环境控制风险，主要表现为未经授权的人或设备直接接触到信息系统相关硬件设备。控制的措施有制定安全管理制度、异地数据备份、在必要的区域安装监控或防盗设备。

（2）软件环境控制风险，这类风险主要指软件层面访问控制、权限控制、操作控制等。风险主要表现为对系统程序的无权限运行，数据输入输出的不准确、不完整，未经授权的访问、修改和删除数据等。如系统管理员权限过高，缺乏必要的监督程序。又如业务流程涉及多个模块时数据链接不畅，存在相互的矛盾，必然影响数据的真实性和准确性。

2. 系统设计完整性风险

这类风险主要体现在信息系统设计的功能性缺陷，使信息系统不能保证真实、完整、准确地反映业务情况。如对重复数据的输入没有提示功能、没有模块间的数据关联性检查，导致系统内存在大量不准确、不真实的数据。

3. 网络安全风险

网络的开放性是一把“双刃剑”，企业可以通过网络与自己的子公司、分公司以及供应商和客户保持实时的联系，给企业带来更高的效率和更低的成本，但另一方面，来自外部的网络攻击也会威胁企业内部的信息系统运行的中断、商业机密的泄露或者毁灭性的打击，因此网络安全风险越来越受到管理层和股东的重视。许多企业建立了网络安全保护措施，其目的就是确保经过网络传输和交换的数据不会被蓄意地增加、修改、丢失和泄露。

具体的网络安全风险审计包括以下内容：

（1）安全技术的选择，即检验企业所用安全技术的成熟度、应用的范围及得到专家的认可度。

（2）网络访问控制审计，包括使用网络服务的策略、外部连接的用户鉴别、网络上的设备标识（以将其作为鉴别特定位置和设备连接的方法)、远程诊断和配置端口的保护、网络连接控制（按照访问控制策略和业务要求予以控制)、网络路由选择控制（以确保计算机连接和信息流不违反业务应用的访问控制策略)。

（3）网络安全审计，包括网络控制（即维护系统和使用网络的应用程序安全)、网络服务的安全（即所有的网络服务或服务级别均应包括在网络服务协议中)、网络入侵与安全监测（即运用入侵检测技术对系统实施动态安全防御)。

（4）日志审计，包括审计日志（即记录用户活动、异常和信息安全事件的审计日志，需对其进行周期性的控制监视)、监视系统的使用（需建立信息处理设施的监视使用程序)、日志信息的保护（以防止篡改和未授权的访问)、管理员和操作员日志（其活动应记入日志)、故障日志（故障被记录、分析，并采取适当的措施)、时钟同步（系统中所有信息处理步骤的时钟应与设定的时间保持同步)。

4. 传输安全风险

数据传输安全是网络安全的基础。网络中传递的信息如果不经过加密处理，一些重要的商业信息就会被截取，甚至被恶意篡改，对企业将会造成重大的损失，所以需要一种更安全、更高效的技术确保数据的安全传输。通过加密可以防止用户的数据被读取、更改，并确保信息的来源发自被授权的一方。目前对数据的加密方法有对称加密算法、非对称加密算法和散列加密算法。具体采用什么算法是由信息量、安全级别决定的。在对传输安全风险进行审计时，信息系统审计师主要关注：

（1）加密技术的选择是否合理；

（2）加密方法是否恰当；

（3）软件、硬件的选购是否规范，开发商是否有维护能力。

三、信息系统审计的方法

信息系统审计流程跟一般审计无根本性的区别，所以在审计准备和终结阶段的技术方法与一般审计相同，但由于信息系统审计对象的特殊性，在实施阶段还具有其专有的技术方法。

（一）利用传统审计方法进行信息系统审计

传统审计中的经验和方法在信息系统审计中依然有其重要作用，下面介绍几种常见的用于信息系统审计的传统审计方法。

1. 观察、查看与穿行测试

观察和查看方法是指审计人员通过到信息系统相关部门观察技术人员工作情况以了解其内控执行是否到位，上机查看以证实有关电脑确实发挥相应功能，查阅系统日志和运行维护记录以了解系统最近一段时间内是否发生错误。同时，索取并检查业务文档资料，如系统规划方案、数据字典、运行维护记录、说明文档及相关合同等以了解信息系统的相关情况。

穿行测试是指审计人员亲自执行一次业务发生过程，通过追踪交易在信息系统中的处理过程，来证实审计人员对控制的了解并评价控制设计的有效性以及确定控制是否得到执行。比如高速公路审计中，审计人员在不通知被审计单位的情况下，亲自驾车体验高速公路收费合理性；又如，审计人员以普通人员身份试图进入对方核心机房，以检测被审计单位信息系统物理访问控制的安全性等。

2. 调查问卷法

调查问卷法是采用编制调查表、调查提纲、控制矩阵等，在审前调查阶段提交给被审计单位信息及有关业务部门，以了解被审计单位软硬件环境、网络结构、岗位设置、人员角色等情况，以获得信息系统的基本情况、总体架构与业务流程，并发现有价值的线索。

3. 沟通

好的沟通可以发现审计线索，信息系统审计师需要重视与被审计单位相关人员进行沟通的技巧。主要方法有与被审计单位人员共同召开各种业务会议，与不同的人员（技术人员、业务人员等）进行座谈。俗话说，在聊天中发现问题。

（二）利用计算机技术进行信息系统审计

计算机技术主要包括基于数据分析的方法和基于程序分析的方法等几种，这些方法的综合使用使得对信息系统的审计更加有效，在一段时间内，这些审计方法将是信息系统审计的主要手段。

1. 黑/白盒测试

黑盒测试也称功能测试或数据驱动测试，它是在已知软件所应具有的功能，通过测试来检测每个功能是否都能正常使用。在测试时，把程序看作一个不能打开的黑盒子，在完全不考虑程序内部结构和内部特性的情况下，审计人员只检查程序功能是否按照需求规格说明书的规定正常使用，程序是否能适当地接收输入数据而产生正确的输出信息，并保持外部信息（如数据库或文件）的完整性。"黑盒"法是穷举输入测试，只有把所有可能的输入都作为测试情况使用，才能以这种方法查出程序中所有的错误。

白盒测试也称结构测试或逻辑驱动测试，它是在清楚软件内部结构和工作过程的基础上，按照程序内部的结构测试程序，检验程序中的每条通路是否都能按预定要求正确工作，而不顾它的功能。白盒测试的主要方法有逻辑驱动、基路测试等。

2. 数据测试、集成检测与平行模拟数据测试法

数据测试法就是审计人员把一批预先设计好的测试数据，利用被审计程序加以处理，并把处理的结果与预期结果作比较，以确定被审计程序的处理和控制功能是否恰当有效。测试数据包含下列两类：一是正常的、有效的业务数据，以确定被审计程序对有效数据的处理是否正确；二是不正常、无效的业务数据，以确定被审计程序是否可以将这些无效业务检测出来，拒绝接受并给出错误信息，以便修改。数据测试法的优点在于应用简单易行，对审计人员的计算机技术水平要求不高，因此，应用范围比较广泛。但是其缺点是与黑盒测试类似，数据测试法可能不能发现程序中所有的错弊。如果审计人员没有预想到程序中的某些错弊，没有针对它们设计测试数据进行测试，那么这

种审查方法就不可能发现这些错弊。

集成检测法是通过在正常的应用系统中创建一个虚拟的部分或分支，从而进行系统测试。例如：在某个应用系统中建立一个虚拟的职员，然后进行正常的业务处理测试。该方法的优点是在系统正常处理过程中进行测试的，因此可直接测试到被审计系统在真实业务处理时的功能是否正确有效，但缺点是这些虚拟的测试数据可能会对被审计单位真实的业务和汇总的信息造成破坏或影响。

平行模拟法是指针对某应用程序，审计人员用一个独立的程序去模拟该程序的部分功能，对输入数据同时进行并行处理，其结果和该应用程序处理的结果进行比较，以验证其功能正确性的方法。模拟系统的开发对计算机技术要求高，且时间长，费用较高；同时，模拟系统要随实际系统同步更新，相应要增加费用。

3. 程序监控法

程序监控法又称程序监控嵌入审计模块技术，它是指在一个应用系统中长久储存一个审计模块，该模块检查输入到系统中每一笔事务，并识别出其中不符合预定义标准的事务，审计人员可以对这些识别出的事务进行实时的或定期的审查。当前嵌入审计模块技术一般用于处理大数据量的系统中。另有一种程序跟踪法，是对给定的业务，跟踪被审计程序处理步骤的审查技术，一般可由追踪软件来完成，也可利用某些高级语言或管理系统中的跟踪指令跟踪被审计程序的处理。

4. 数据分析法

利用数据进行审计可以将传统的审计经验和计算机技术结合起来，使审计人员在现有的条件下进行信息系统审计，通过对电子数据的审查，来推断信息系统本身所存在的缺陷。该方法又可分为：

（1）抽样数据法

审计人员从被审计单位抽样若干经济业务数据，检查信息系统处理结果是否正确，以确定系统控制是否有效地执行。如税务审计中，可以通过对不同类型纳税人员纳税数据进行抽样审核，以检查系统对纳税数据处理的正确性与及时性。

（2）数据结构验证法

数据结构验证法是结合数据字典，检查数据之间逻辑关系以验证输入数据正确性和保存数据完整性，包括业务数据与财务数据对比验证和各业务数据表间钩稽关系的核对。

（3）利用外部关联数据法

外部关联数据是指存在于被审计单位信息系统以外，但是与该系统的数据具有内在联系，能够帮助审计人员对被审计单位的业务数据和财务数据进行有序处理的电子数据。利用外部的关联数据与被审查系统中的数据进行对比分析，可以发现单独由被审计单位的数据无法发现的信息系统的问题。

5. 受控处理法与受控再处理法

受控处理法是指审计人员通过监控被审计程序对实际业务的处理，查明被审计程序的处理和控制功能是否恰当有效的方法。审计人员首先对输入的数据进行查验，并进行审计控制，然后亲自处理或监督处理这些数据，最后将处理的结果与预期结果加以比较分析，判别被审计程序的处理和控制功能是否符合设计要求。此方法的主要优点是不需要审计人员具有较高的计算机知识，只要采用突击审计的方式，就可以保证被审计程序与实际使用程序的一致性，从而保证审计结论的可靠性。

受控再处理法是指在被审计单位正常业务处理以外的时间，由审计人员亲自进行或在审计人员监督下，把某一批处理过的业务进行再处理，比较两次处理结果，以确定被审计程序有无被非法篡改，被审计程序的处理和控制功能是否恰当有效。运用这种方法的前提是以前对此程序进行过审查，并证实它原来的处理和控制功能是恰当有效的。

6. 程序检查法

程序是信息系统的核心，信息系统对业务的处理是否合法、合规、正确，都体现在应用程序中。实践证明，程序是差错、舞弊最容易发生的地方。其中涉及的方法有：

（1）程序流程图检查法，是利用信息系统的程序流程图来检查程序的控制功能是否可靠，业务处理逻辑是否正确的方法。例如：根据财务系统流程图，程序中应该对输入的财务信息进行合法性检验，但是通过追踪审查样本业务发现，当输入非法数据时，程序依然按照正常的步骤进行了处理，说明该项控制措施在程序中是无效的。

（2）程序编码审查法，是对应用系统的编码进行详细审查的一种技术。通过审查程序编码，审计人员可以识别出程序中的错误代码和非法代码等。同时可用跟踪方法进行逐行代码诊断。这种方法的缺点是对审计人员的计算机水平要求高。

（3）程序编码比较法，是指比较两个独立保管的被审计程序版本，以确定被审计程序是否经过了修改，并对发现的任何程序的改动评估其带来的后果。

7. 程序运行记录检查法

程序运行记录是由系统自动记录下来的，包含操作的起止时间、中断、故障等方面的信息。通过对运行记录的审查，可以推测被审计程序的程序化控制措施是否存在和可靠，如果记录中出现中断则说明程序中可能存在语法或逻辑错误。同时该方法还可对数据处理结果进行检查，通过系统打印输出的结果，来推断被审计程序处理功能的正确性和控制措施的健全有效性。这些打印输出包括系统错误清单、业务清单、财务报表、统计报表。此法的优点是审计人员不必具有较高的计算机知识，而缺点在于程序中的错误弊端不可能全部出现在一份或多份打印输出的资料上面。

（三）与信息系统审计相关的其他技术方法

1. 智能技术

随着计算机技术的逐步发展，信息系统的审计将逐渐转换到智能化审计，大量智能技术将在这个阶段得到充分应用，如联机分析技术、数据挖掘技术等，利用这些技术可以开发审计专家系统、审计决策系统。

（1）联机分析处理技术

它是针对决策问题的联机数据访问和分析，也是目前对于海量数据处理所采取的主要方法。最基本的特征是从多个角度分析数据，从而发现数据内在的规律。此技术能够展现多维的数据视图，可以更直观地理解和分析数据。如对销售分析时，多维视图可以包括时间、地区、产品多个维度，以及其销售金额、销售数量多个度量值。在对数据分析时可以采用汇总、关联、聚类、分类、预测等方法，找到其内在的关系，进而做进一步的分析和判断。

（2）数据挖掘技术

数据挖掘技术是伴随着数据式审计而产生的。数据式审计的审计对象不再是传统的账目而转向了企业信息系统的底层数据库，它从大量的、不完全的、有噪声的、模糊的、随机的数据中，提取隐含在其中的、事先不知道的，但又是潜在有用的信息和知识的过程。通过数据挖掘可以回答审计人员原先没想到的问题。具体来说，数据挖掘的方法有：

①数据概化，即将具体数据抽象的过程，通过该方法可以了解某类数据的概貌，为判断提供依据。

②聚类分析，即将数据分成多个类或簇，描述各个类或簇的特征，然后找出群中的离群点，对其重点分析，进而确定审计风险，发现审计线索。

③关联分析，即挖掘隐藏在数据间的相互关系。如针对同类或不同类会计科目及数据项间可能存在某种关系来查找，从而发现一些隐藏的经济活动。数据挖掘技术与联机分析技术的不同在于，联机分析技术是依据审计人员的经验去验证数据是否存在某类问题，是一个演绎推理的过程，而数据挖掘技术是在数据库中自己去寻找模型，主动去发现其中隐藏在数据中的有用信息，是一个归纳的过程，它是更深

层次的数据分析方法。

2. XBRL 在审计中的应用

XBRL（eXtensible Business Reporting Language，可扩展商业报告语言）是可扩展的标记语言（eXtensible Markup Language，XML）在财务报告信息交换的一种应用，是目前应用于非结构化信息处理尤其是财务信息处理的最新技术。XBRL 作为一种基于互联网生成和传输商业报告的语言，通过对商业报告中的数据增加特定的标签和分类，以支持数据信息的识别、处理与交流。在财务信息的处理中，XBRL 财务报告生成的流程主要经过三个环节：

（1）XBRL 分类标准管理。XBRL 分类标准是根据 XBRL 技术规范来制定的，用以定义财务报告中各要素的属性及其相互之间的关系，相当于会计要素“词典”。

（2）生成 XBRL 财务报告。将不同数据源的不同格式数据，按照已定的 XBRL 分类标准，映射为 XBRL 格式的数据，并经过数据验证，生成实例文档。信息系统中安装一个集成的 XBRL 适配器，适配器可以自动将交易的明细数据转换成 XBRL 格式的实例文档。

（3）XBRL 财务报告的使用。上市公司通过 XBRL 应用门户披露 XBRL 财务报告，财务报告使用者通过访问 XBRL 应用门户来获取有关报告实体的 XBRL 财务报告信息。

采用 XBRL 财务报告语言后对外报告的内容不仅包含现在的财务信息，也可能包含更多的非财务信息，对外报告的时间间距可能更短，这些将对审计方式产生巨大的影响。因此，在具体审计时审计人员需要注意以下几个问题①：

（1）对 XBRL 适配器和会计信息系统结合的审计鉴证

这是利用 XBRL 报表信息进行连续审计的支点。从 XBRL 分类体系的选择到会计信息的标记过程以及标记信息的输出和存储等方面都

① 黄作明. 信息系统审计［M］. 大连：东北财经大学出版社，2012.

要进行严格的测试，如所转换数据是否符合 XBRL 分类规范的要求，是否完整和详细。

（2）加强对会计信息系统内部控制的审计

与 XBRL 适配器的结合扩展了原有会计信息系统的功能，同时也应在系统中增加相应的内部控制程序。具体包括标记数据类型的控制、标记的数据存储文件的生成、读写控制、实时转换的授权、信息加密的控制及转换信息生成、利用的日志控制等。

（3）依据分类规范和标准进行审计

重点要关注所用分类规范是否是专门机构所颁布的通用标准，实际应用是否严格遵守规范要求。

（4）连接的安全性

XBRL 能够提供在线信息，这些信息都是直接连接到后台的数据库中。这时就要求审计师考虑与被审计对象连接之间的安全性、实例文档的可靠性、加密性等问题。

同时，由于 XBRL 分类账以标准格式保存企业经济交易的明细信息，遵循这一技术规范的软件系统可以无缝连接、交换和共享数据，使得审计人员可以方便地采集被审计单位的明细会计数据和经济交易数据，所以审计人员可以运用数据分析软件，对被审计单位的数据进行数据挖掘、分析性测试，控制审计风险，提高审计效率。

本章小结

本章主要介绍了信息系统审计的内涵、信息系统审计的程序，介绍了目前信息系统审计的主要内容和方法。另外，本章还介绍了信息系统审计准则、信息系统审计的发展前景，以及信息系统审计师未来的职业发展方向。

主要参考书目

[1] 刘明辉，史德刚．审计［M］．大连：东北财经大学出版社，2011.

[2] 郝振平，刘霄仑．审计学［M］．北京：北京大学出版社，2013.

[3] 黄良杰，肖瑞利．审计——原理、实务、案例、实训[M]．大连：东北财经大学出版社，2013.

[4] 中国注册会计师协会．审计［M］．北京：经济科学出版社，2013.

[5] 中国注册会计师协会．中国注册会计师胜任能力指南［Z］．2007.

[6] 中国注册会计师协会．中国注册会计师职业道德守则［Z］．2010.

[7] A. A. 阿伦斯，詹姆士·洛贝克．审计学——整合方法研究（中文第一版）［M］．石爱中等译．北京：中国审计出版社，2001.

[8] 中国审计体系研究课题组．中国审计体系研究［M］．北京：中国审计出版社，1999.

[9] 李宗黎，林蕙真．审计新论（第三版）［M］．台湾：证业出版股份有限公司．

[10] 于海．西方社会思想史［M］．上海：复旦大学出版社，1993.

[11] 刘明辉．高级审计理论［M］．大连：东北财经大学出版社，2010.

[12] 陈汉文．审计［M］．厦门：厦门大学出版社，2004.

[13] 黄作明．信息系统审计［M］．大连：东北财经大学出版社，2012.